Robot
da colorare libro per bambini

Young Scholar

Young Scholar
An imprint of Ciparum LLC

Robot da colorare libro per bambini
© 2017 Ciparum LLC
All rights reserved.
ISBN-10:1-63589-291-0
ISBN-13:978-1-63589-291-8

www.youngscholar.co

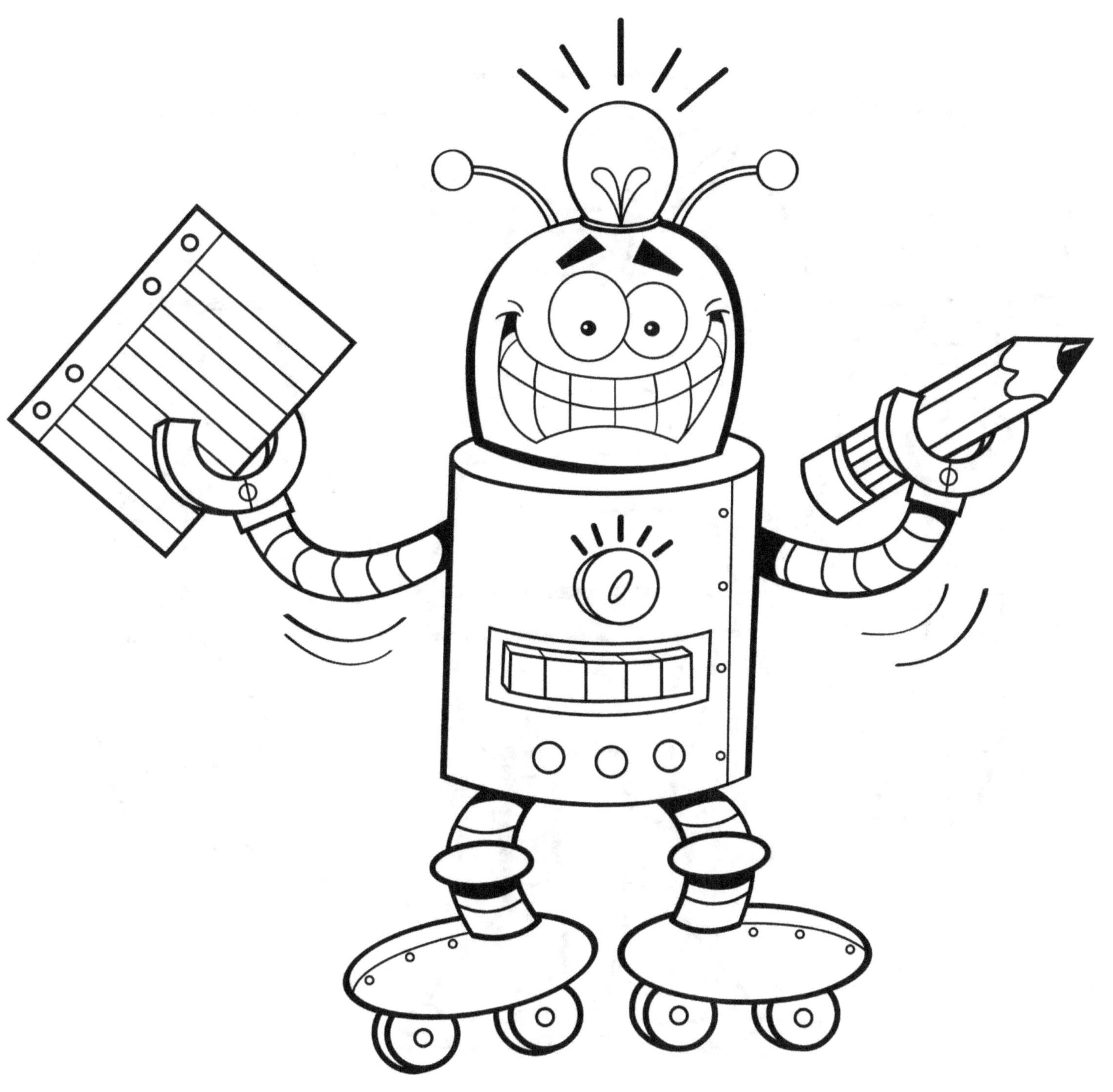

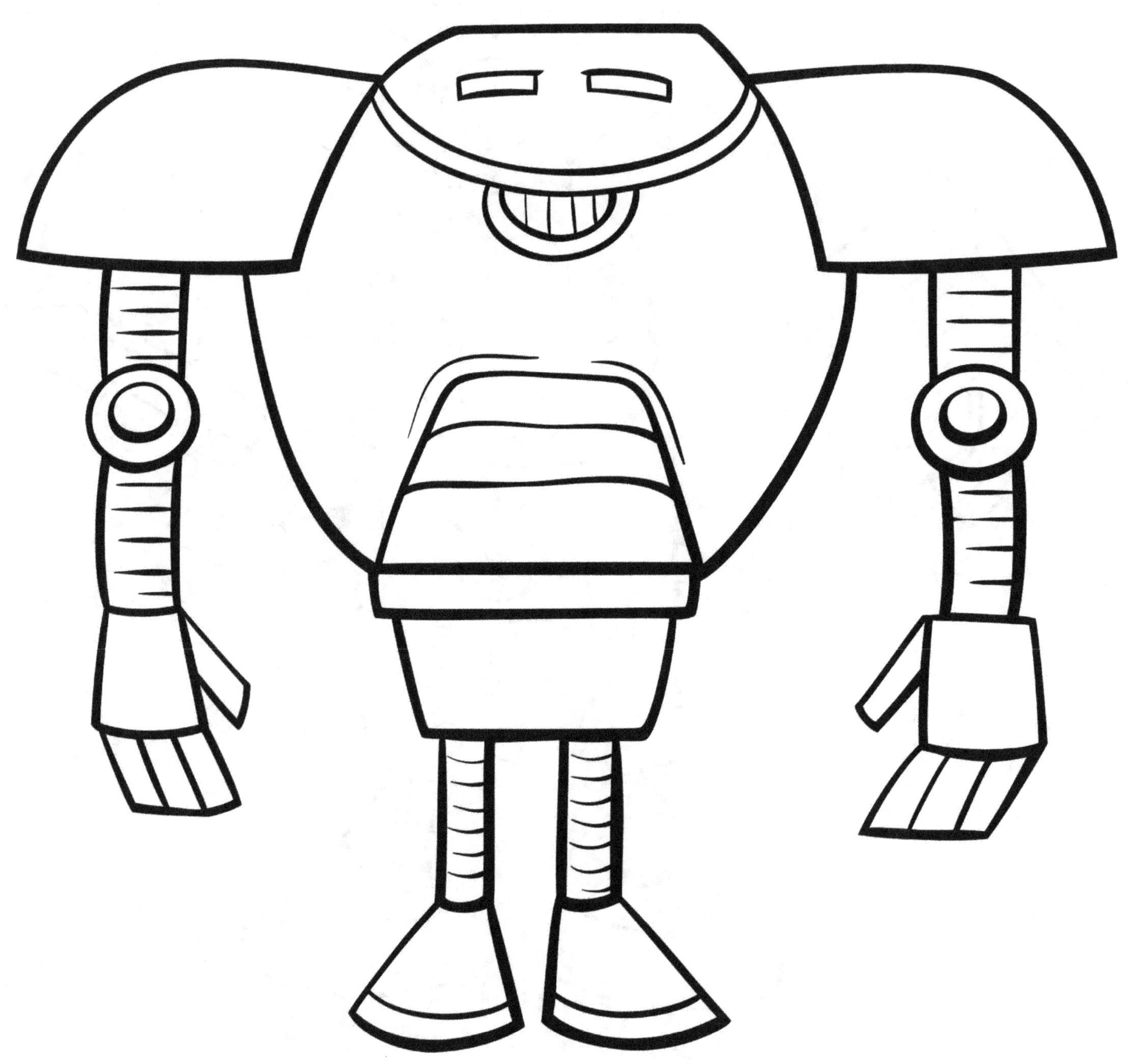

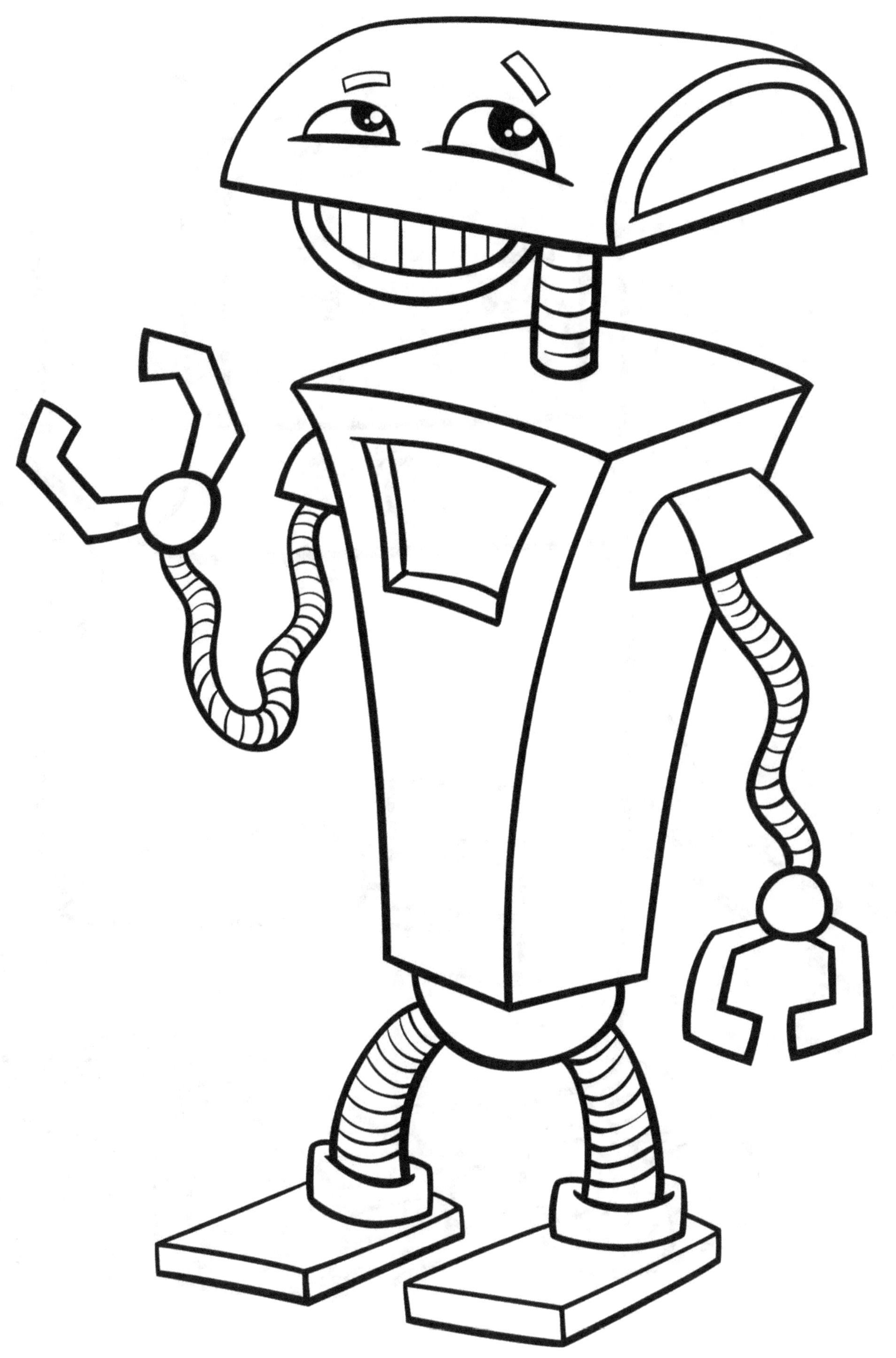

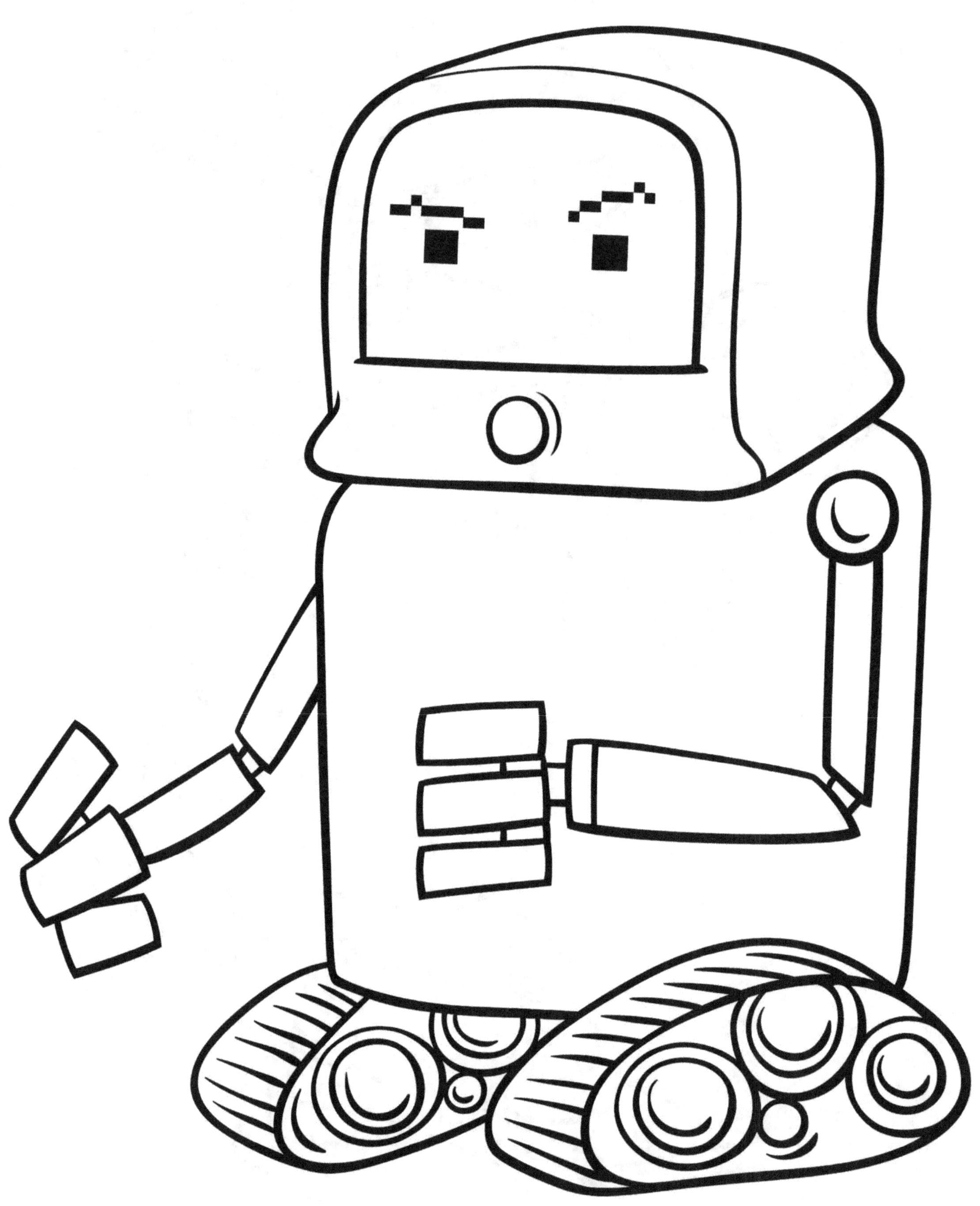

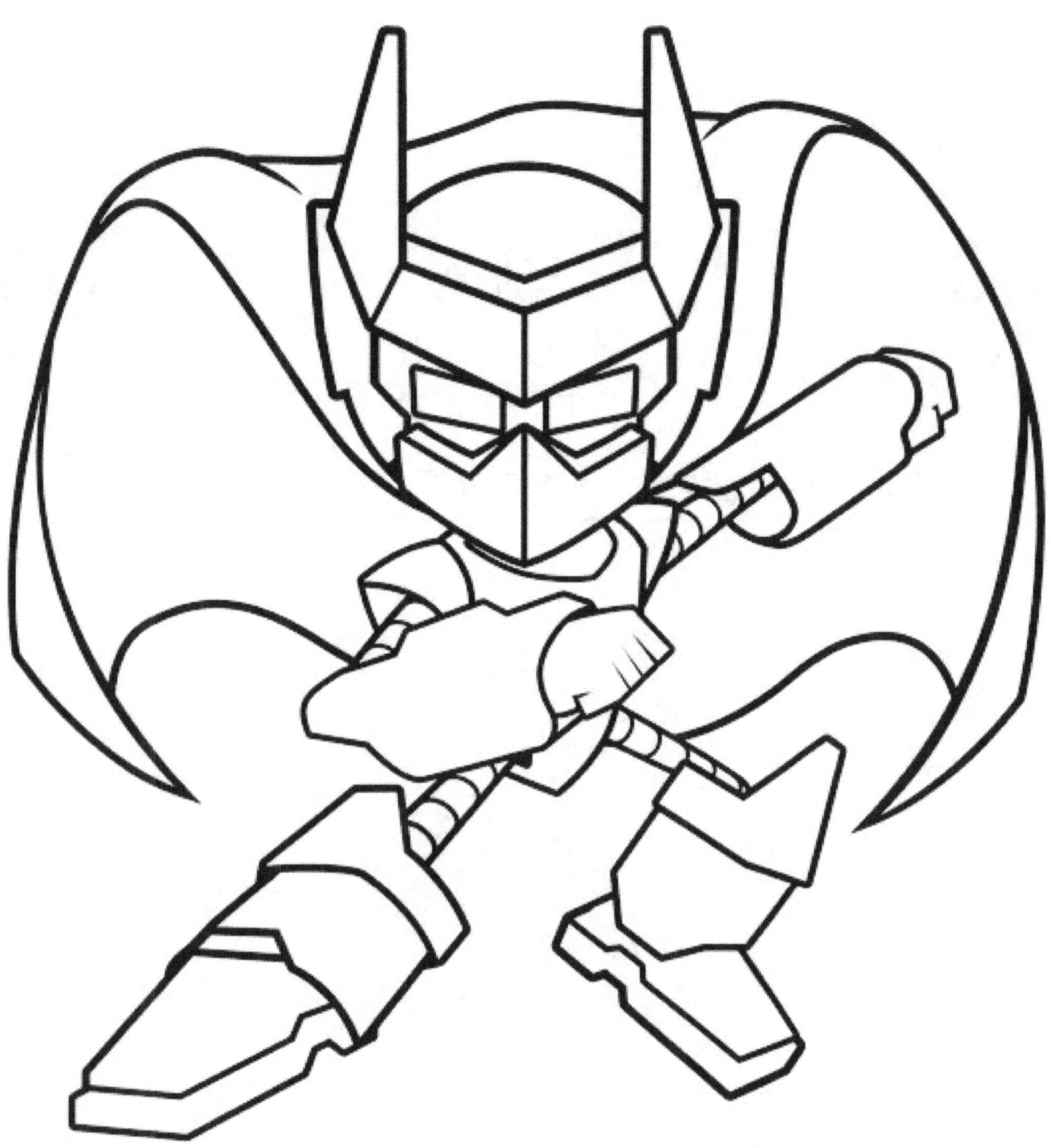

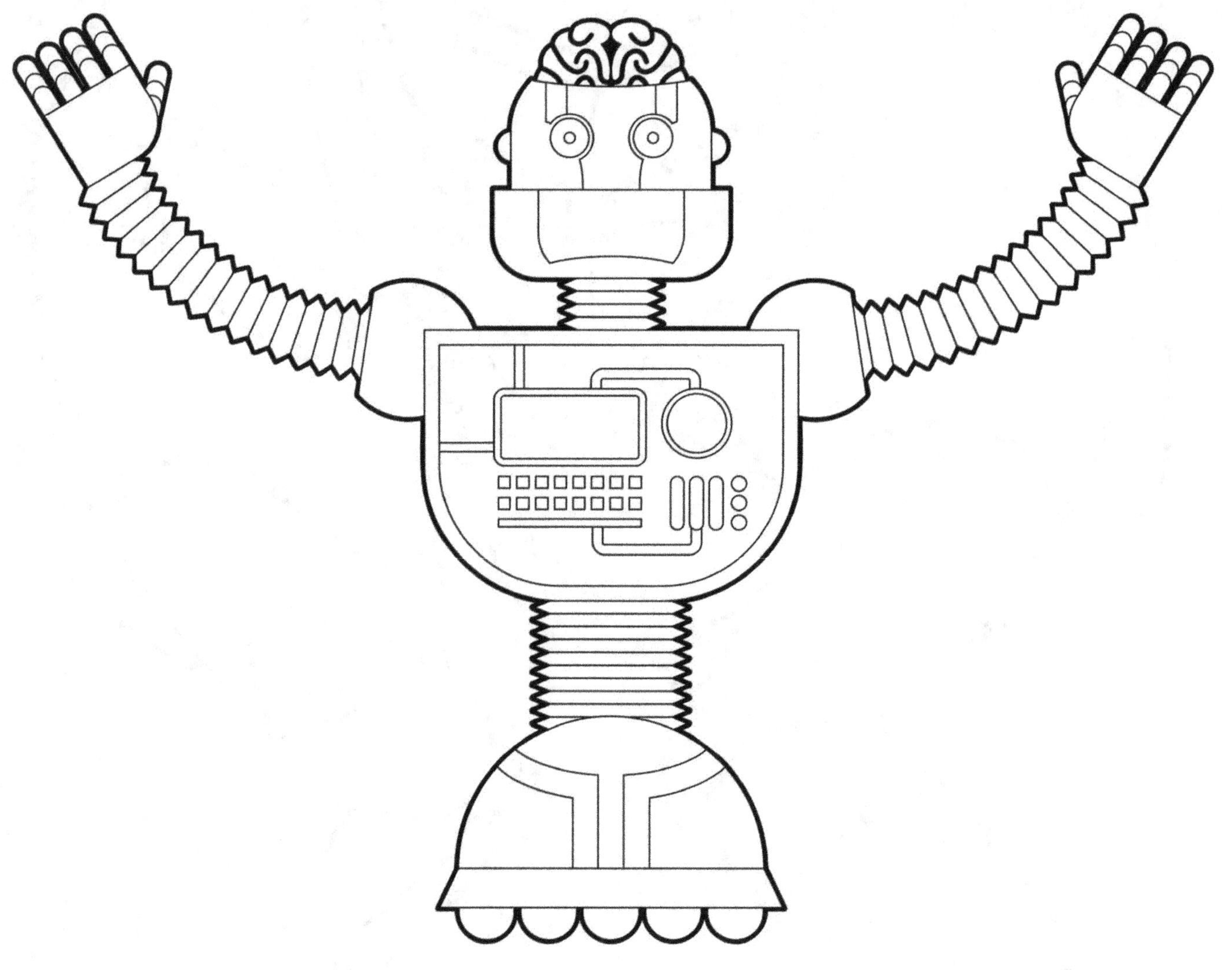

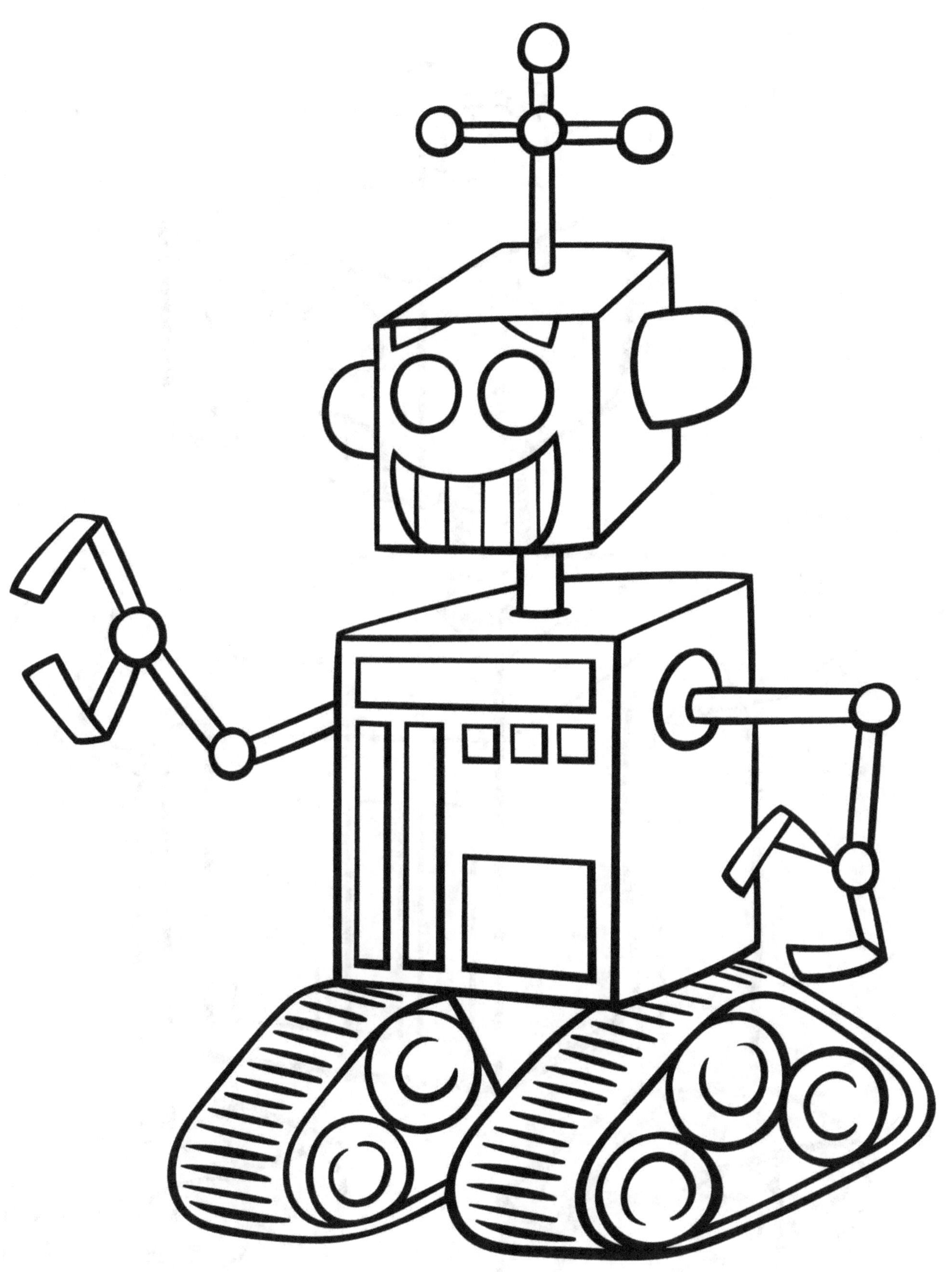

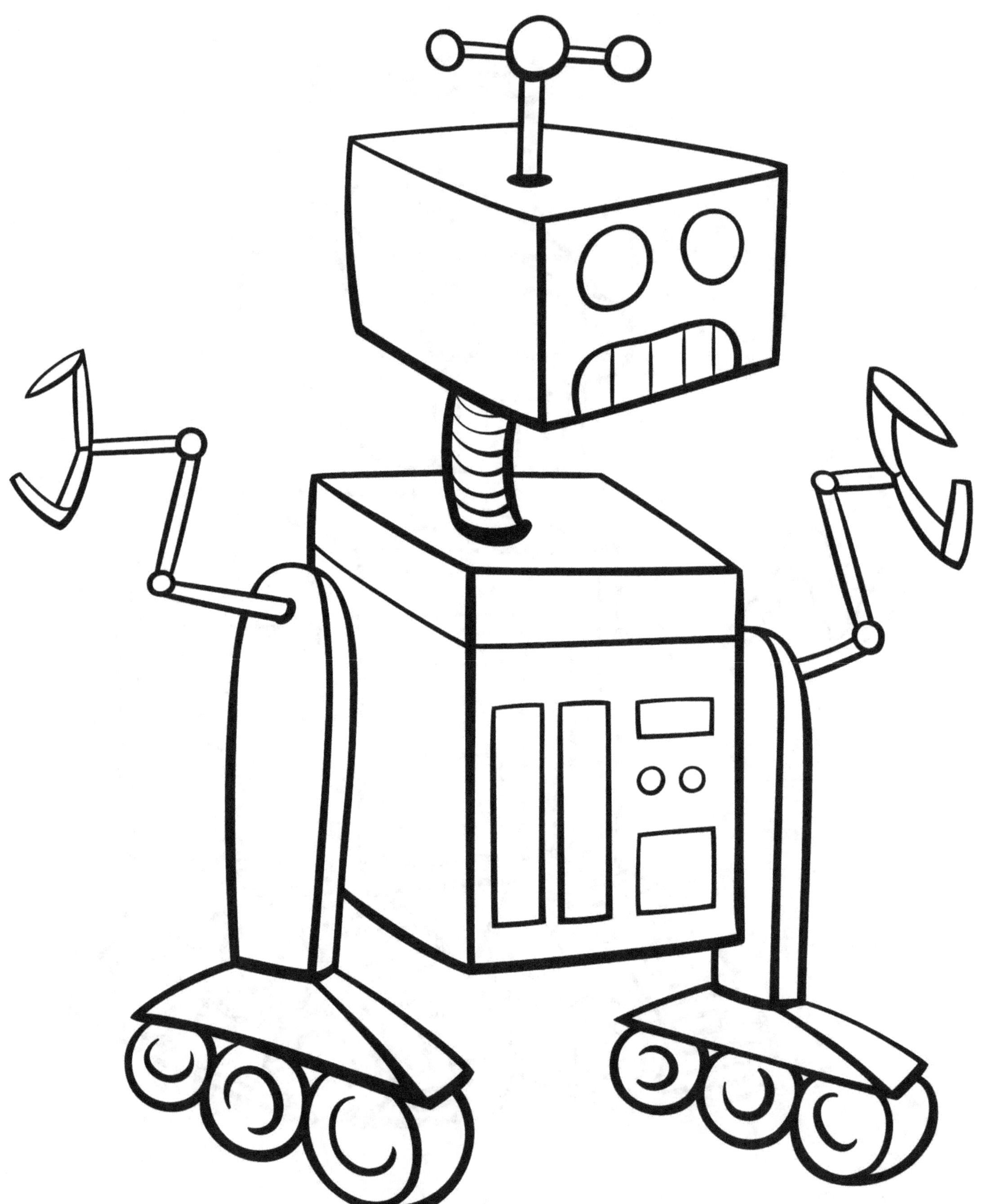

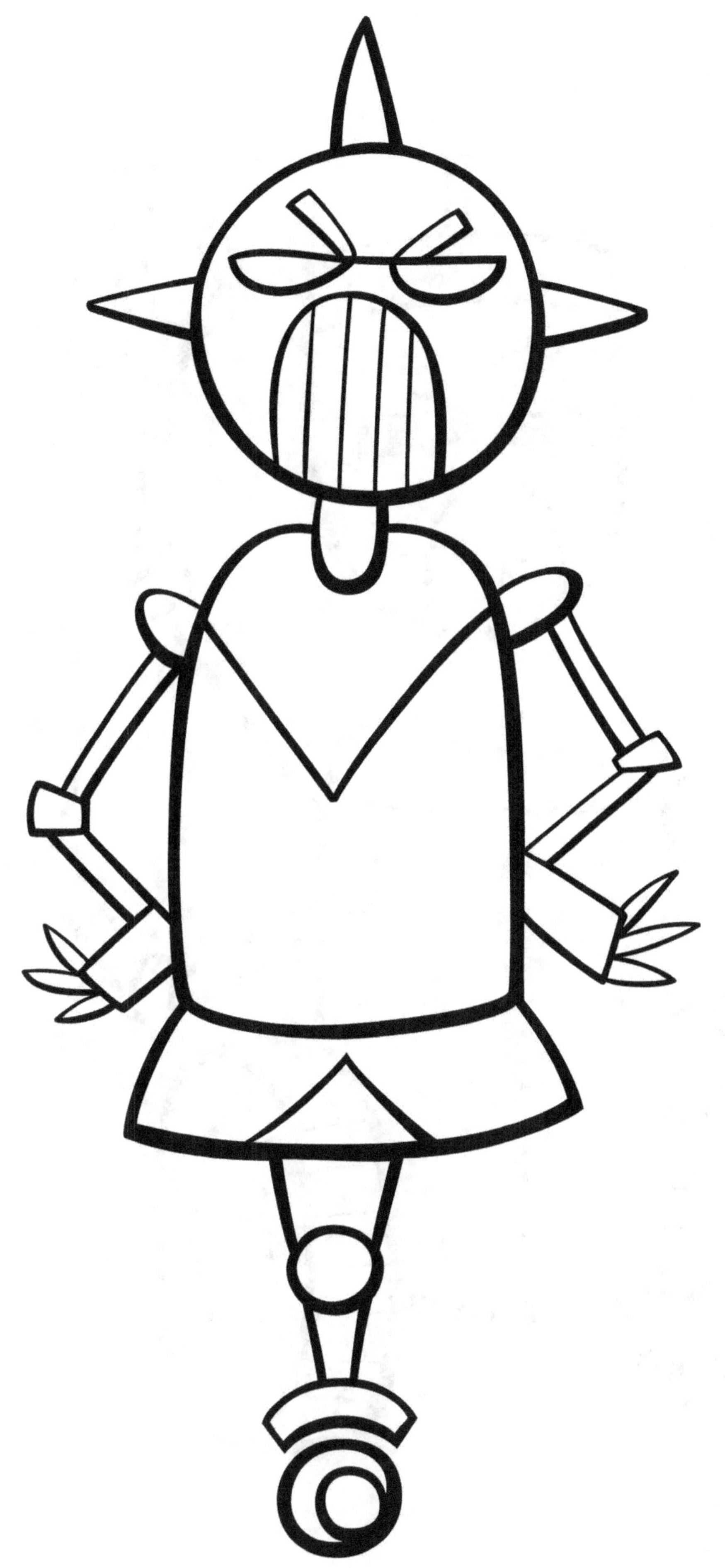

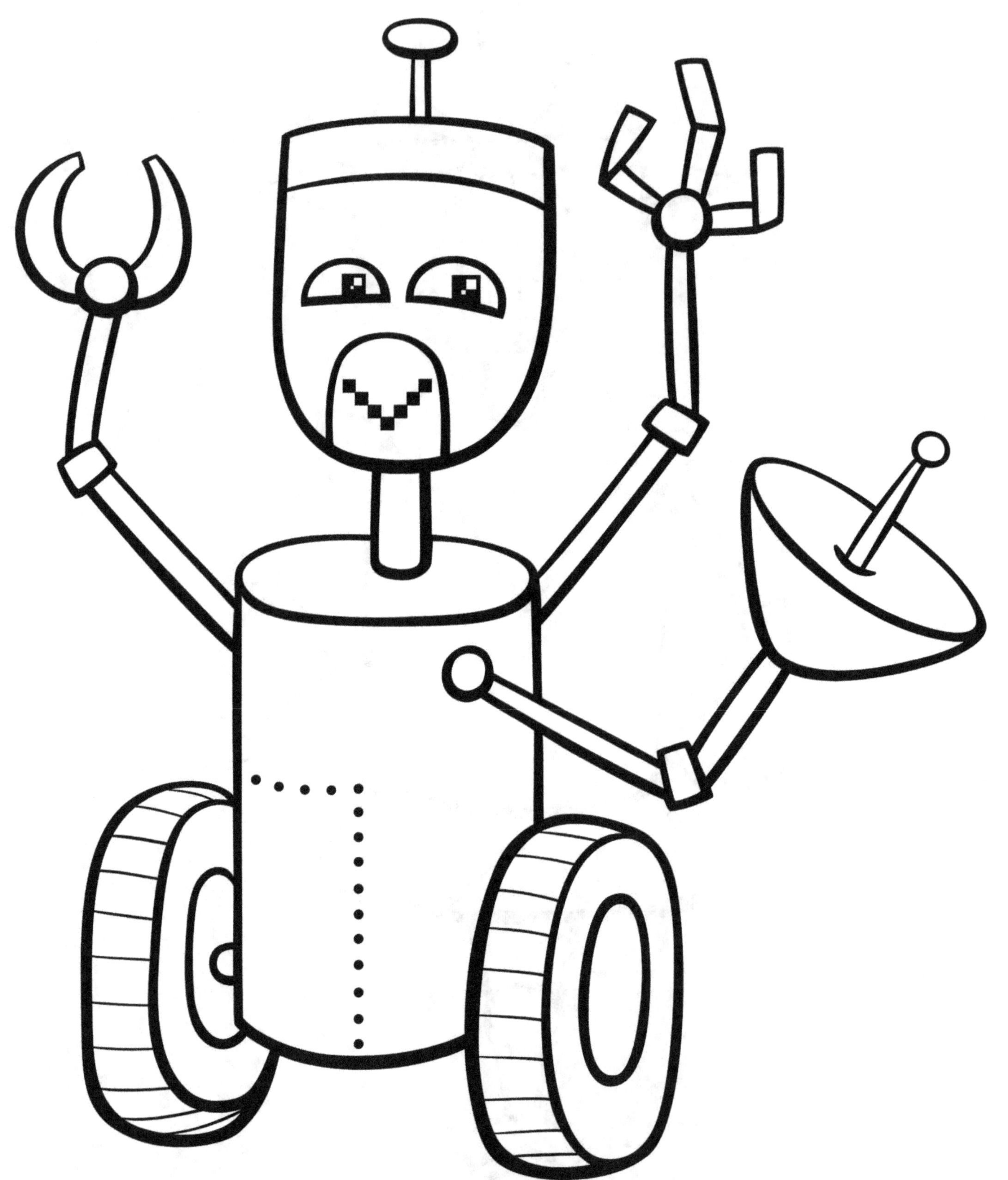

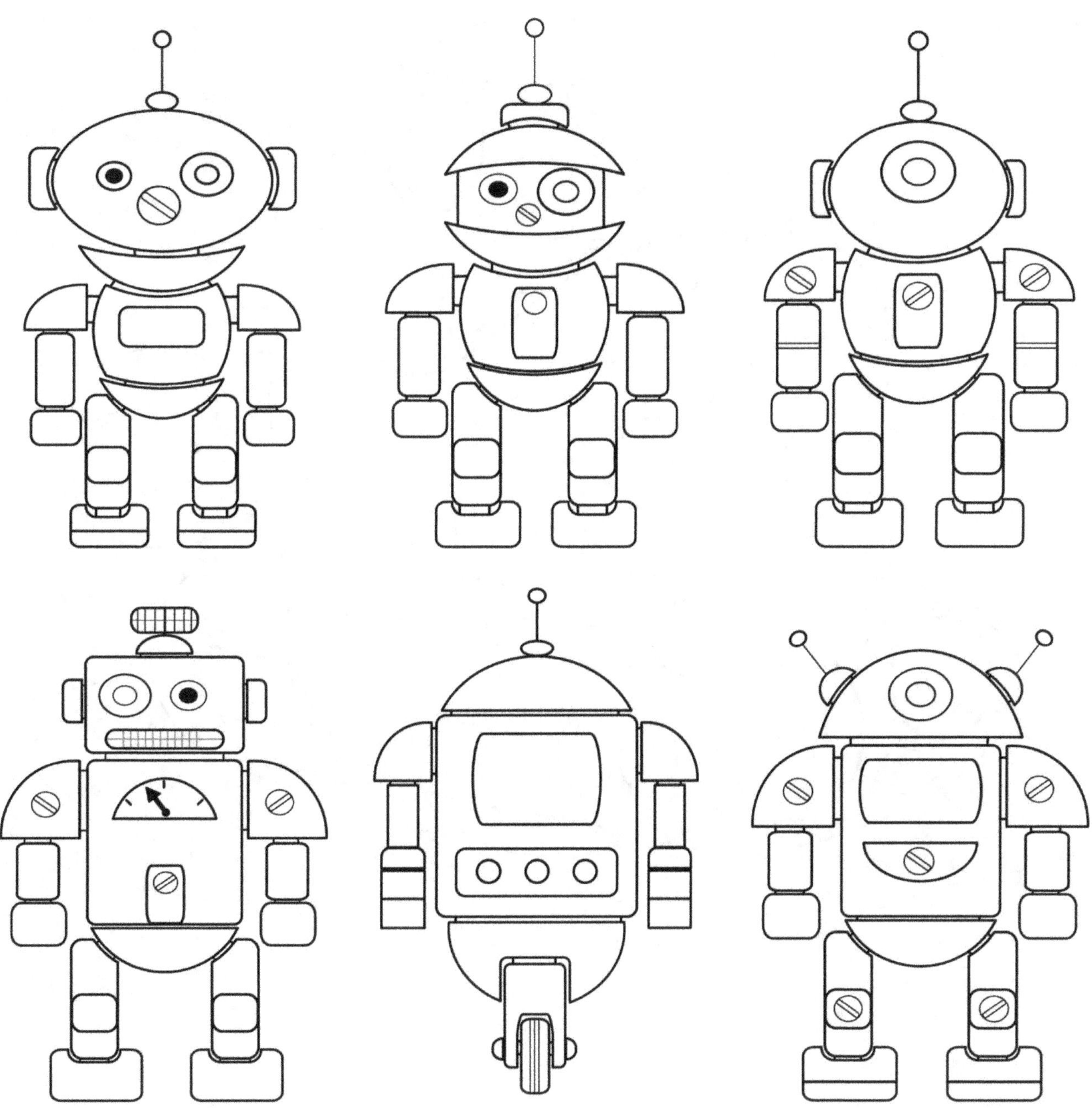

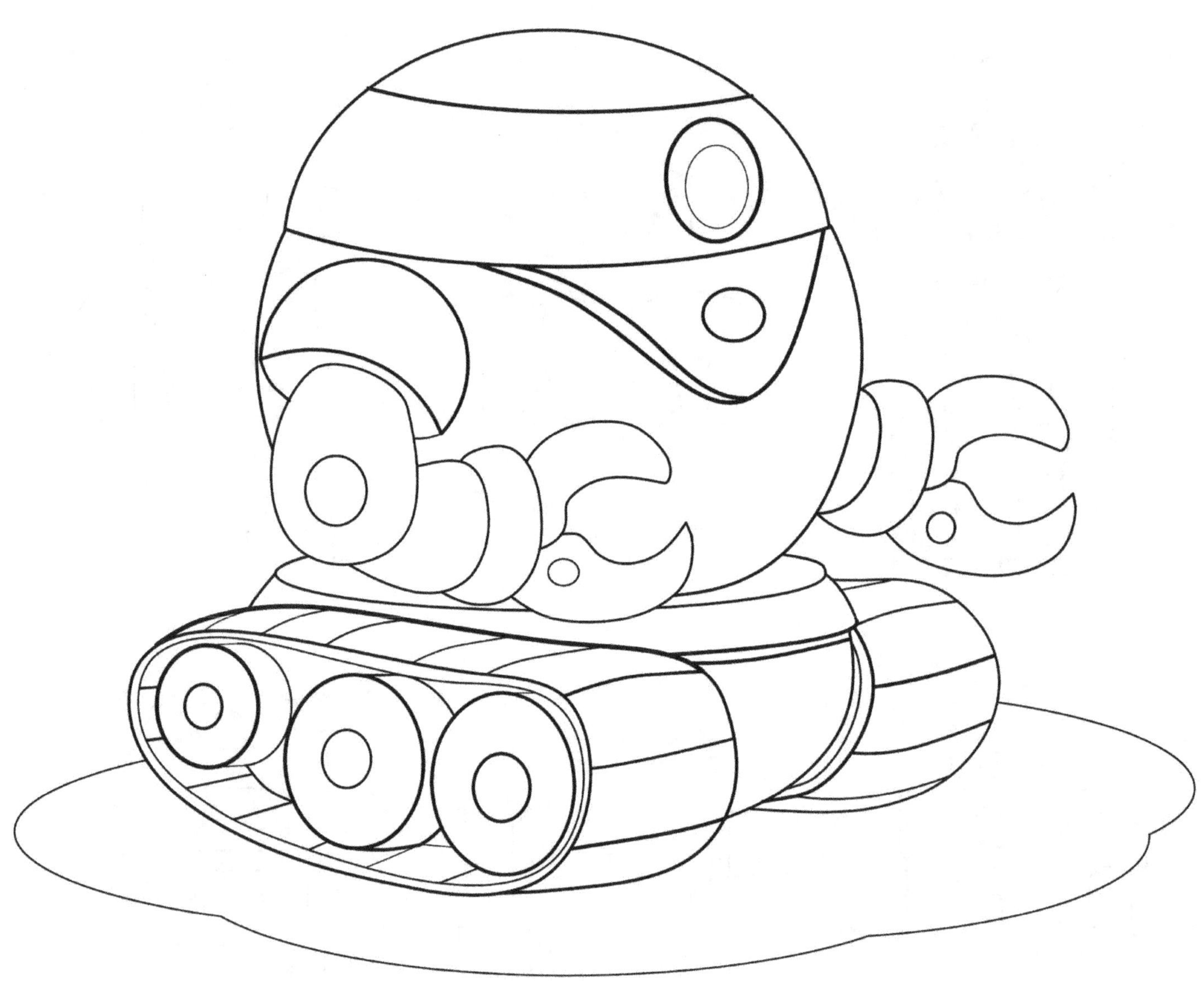

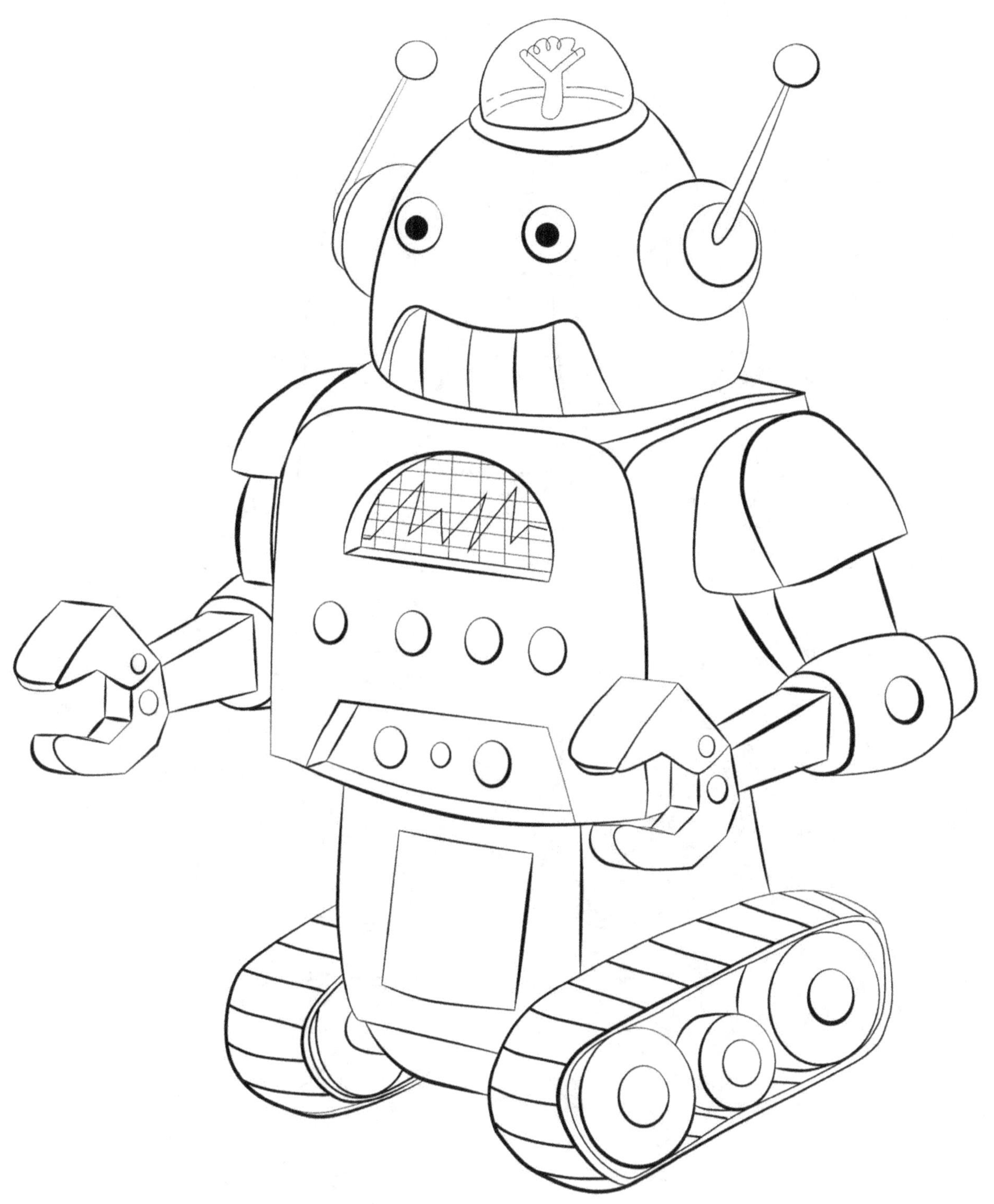

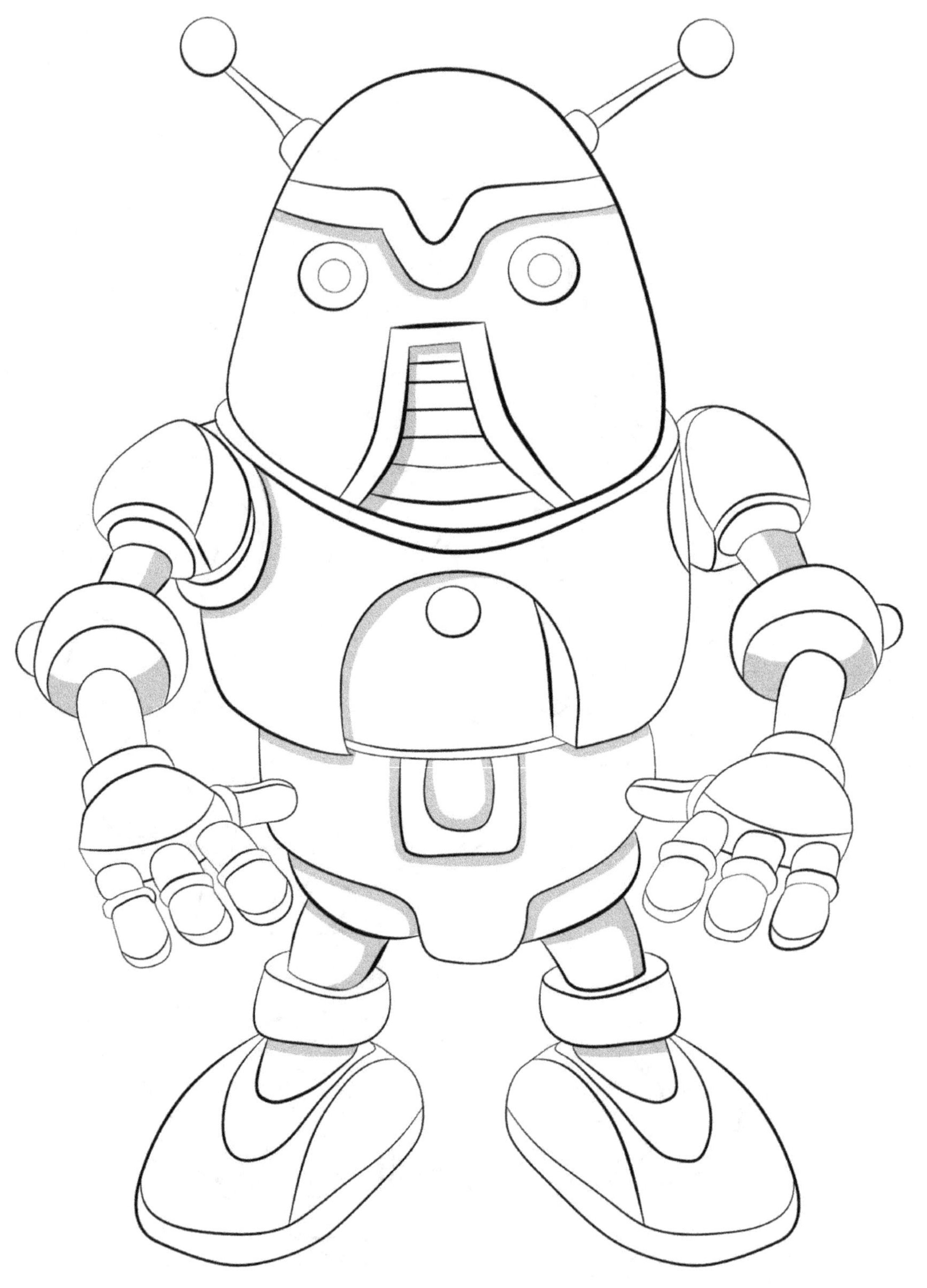

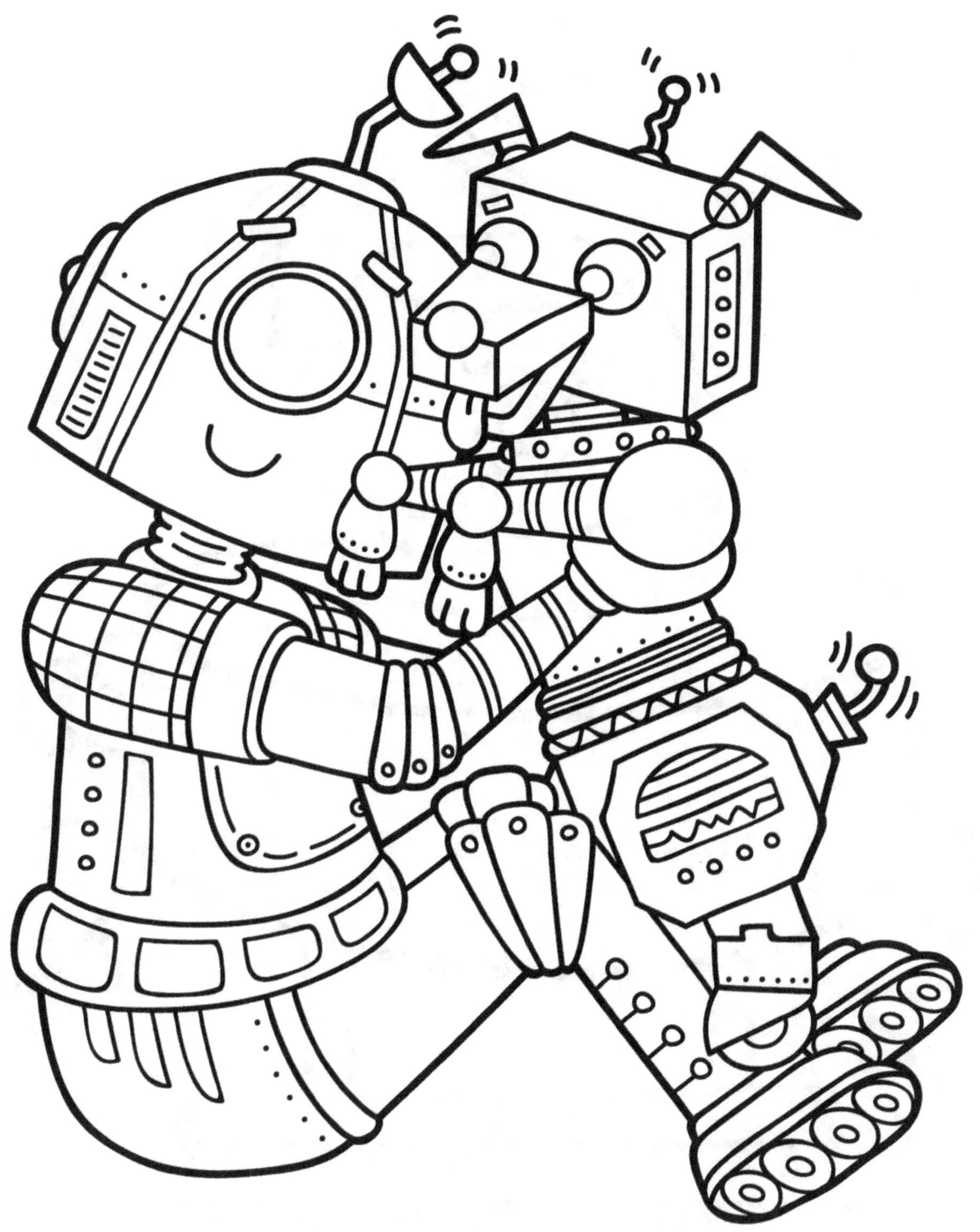

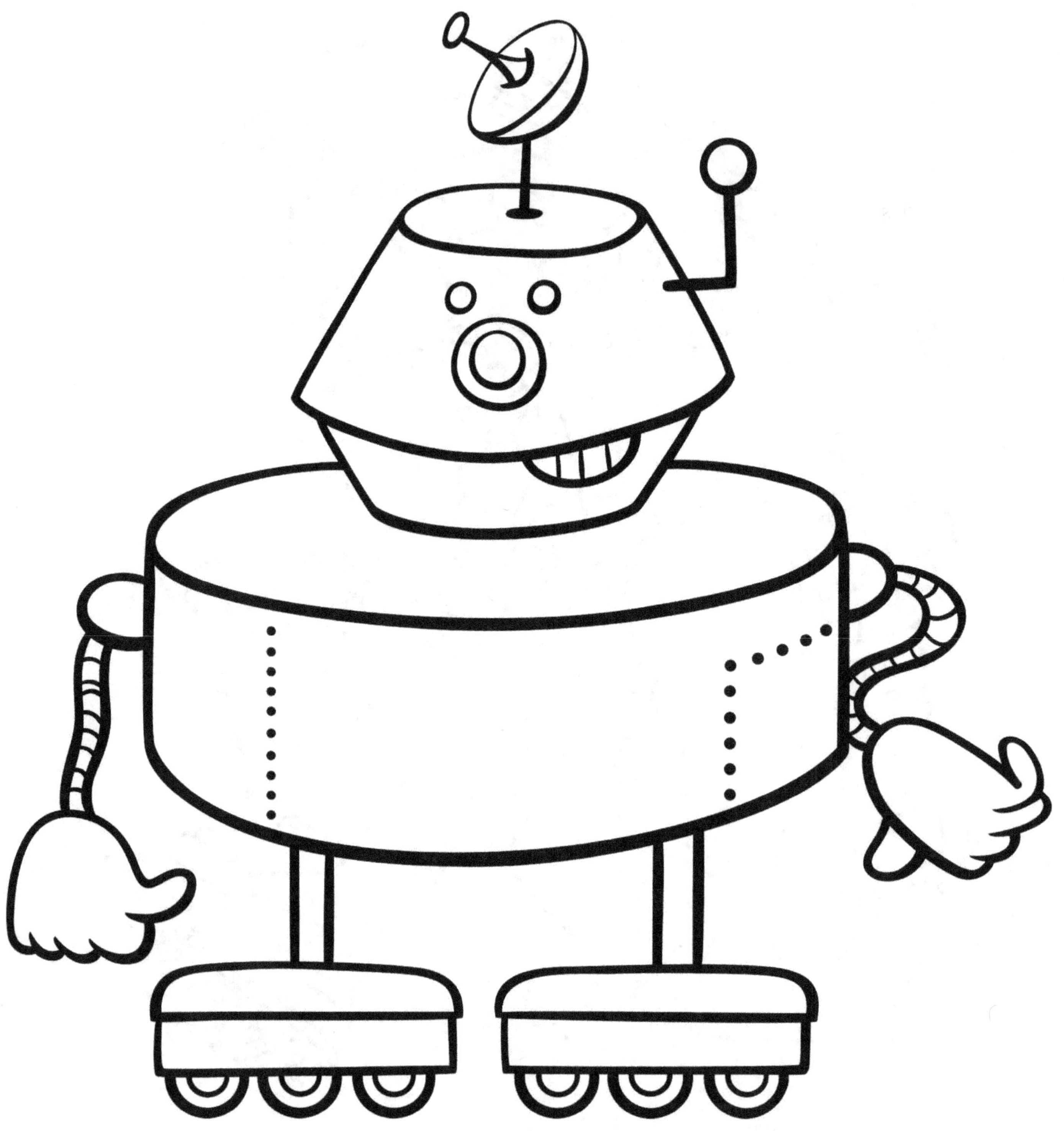

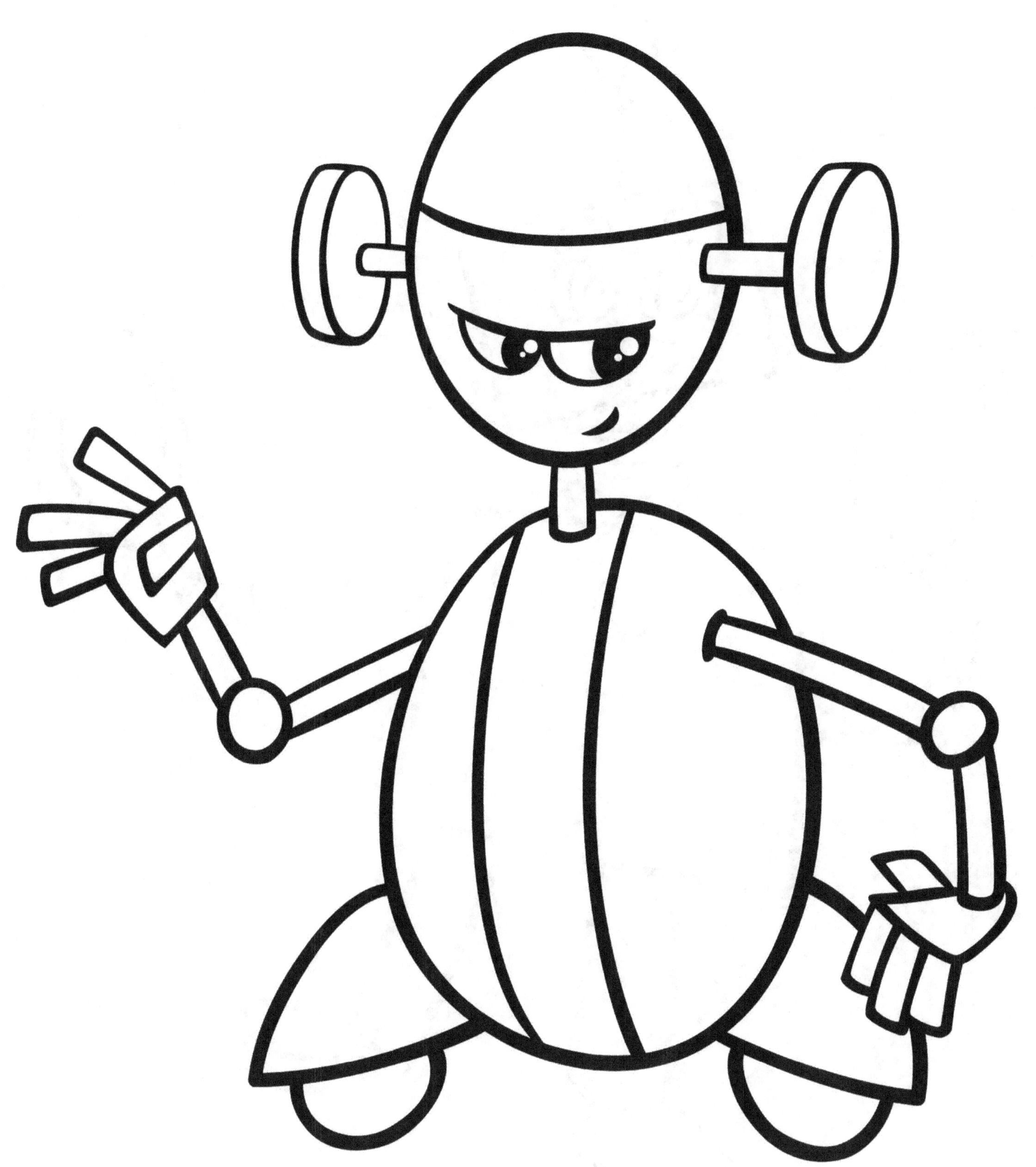

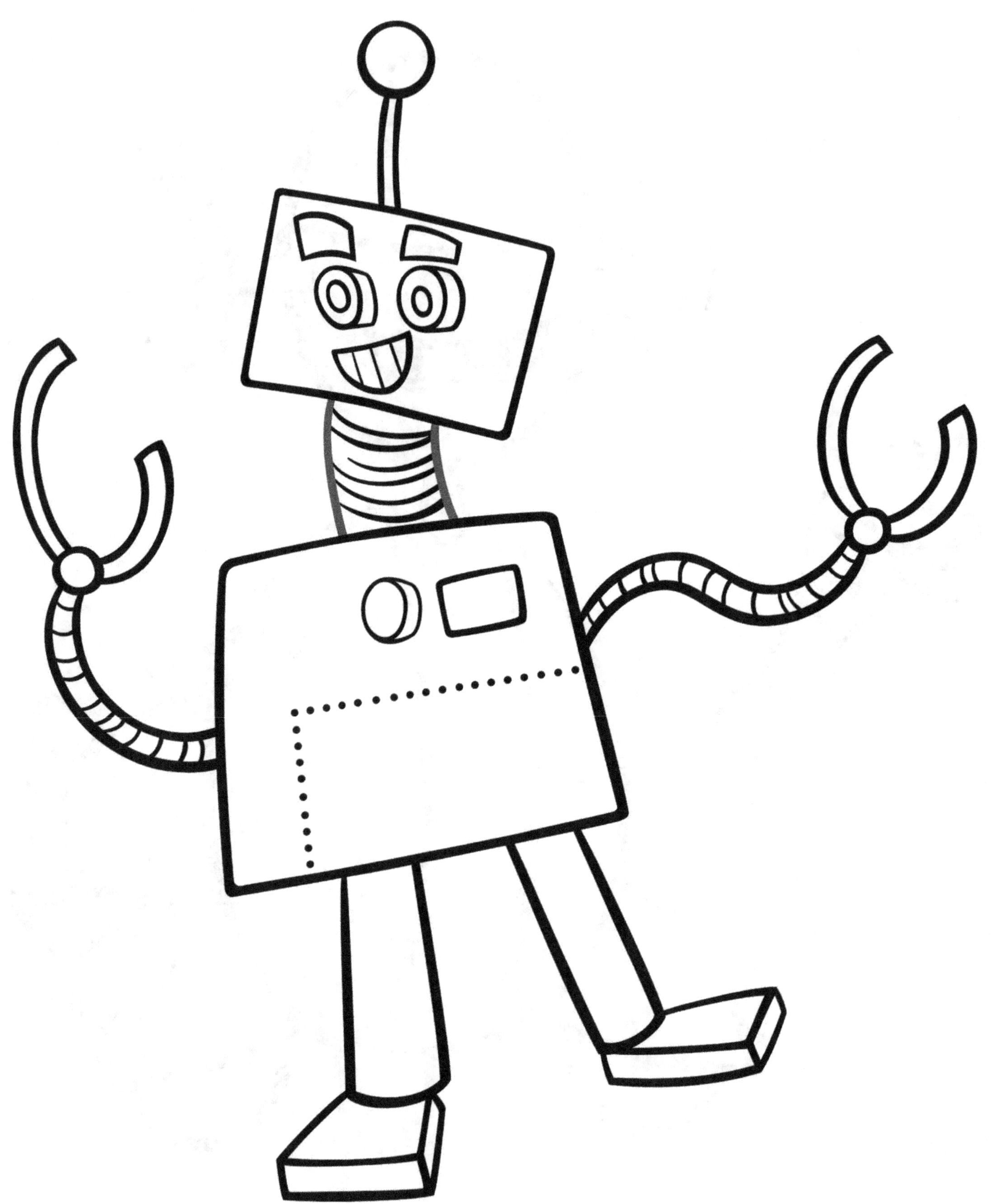

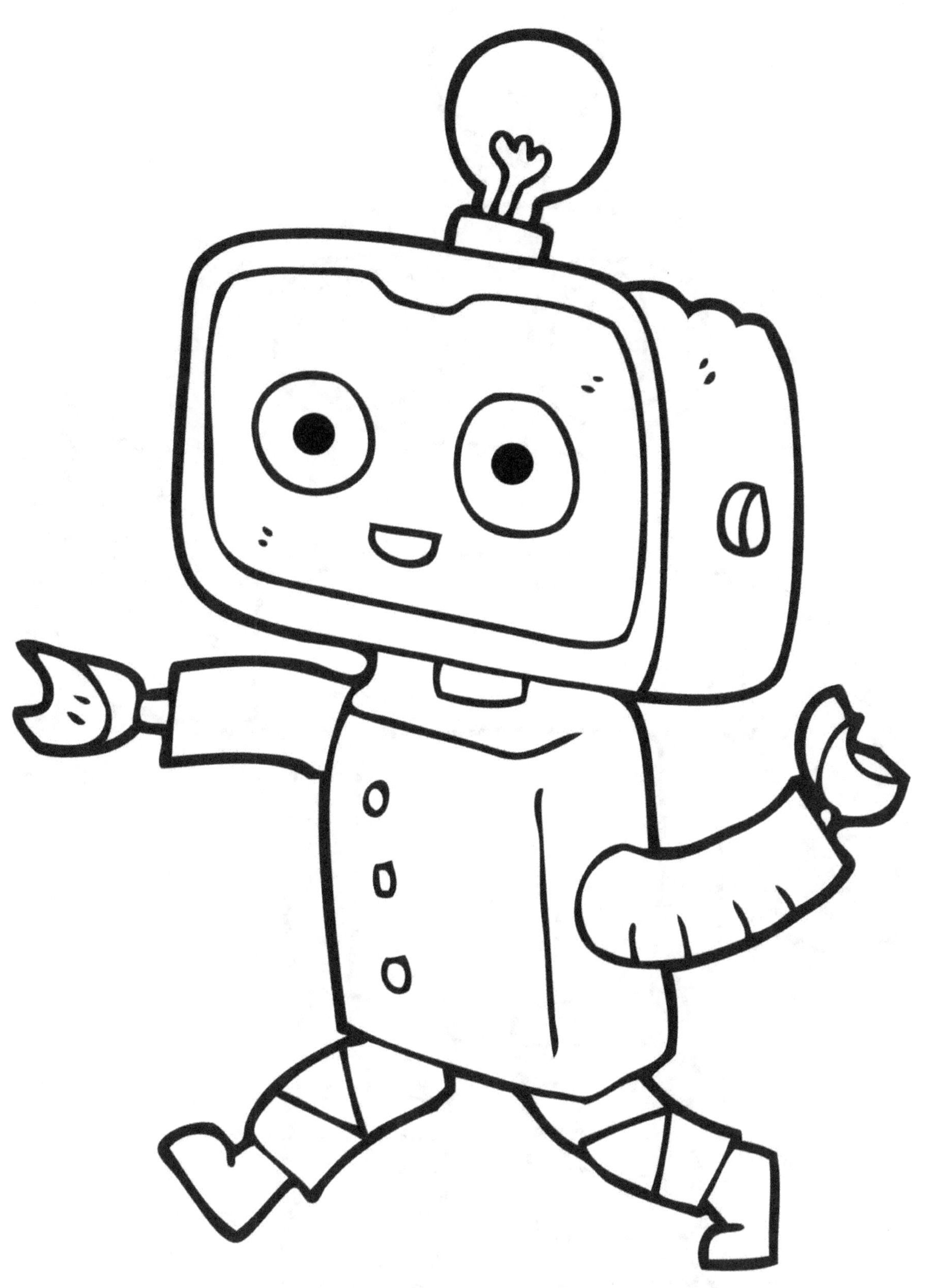

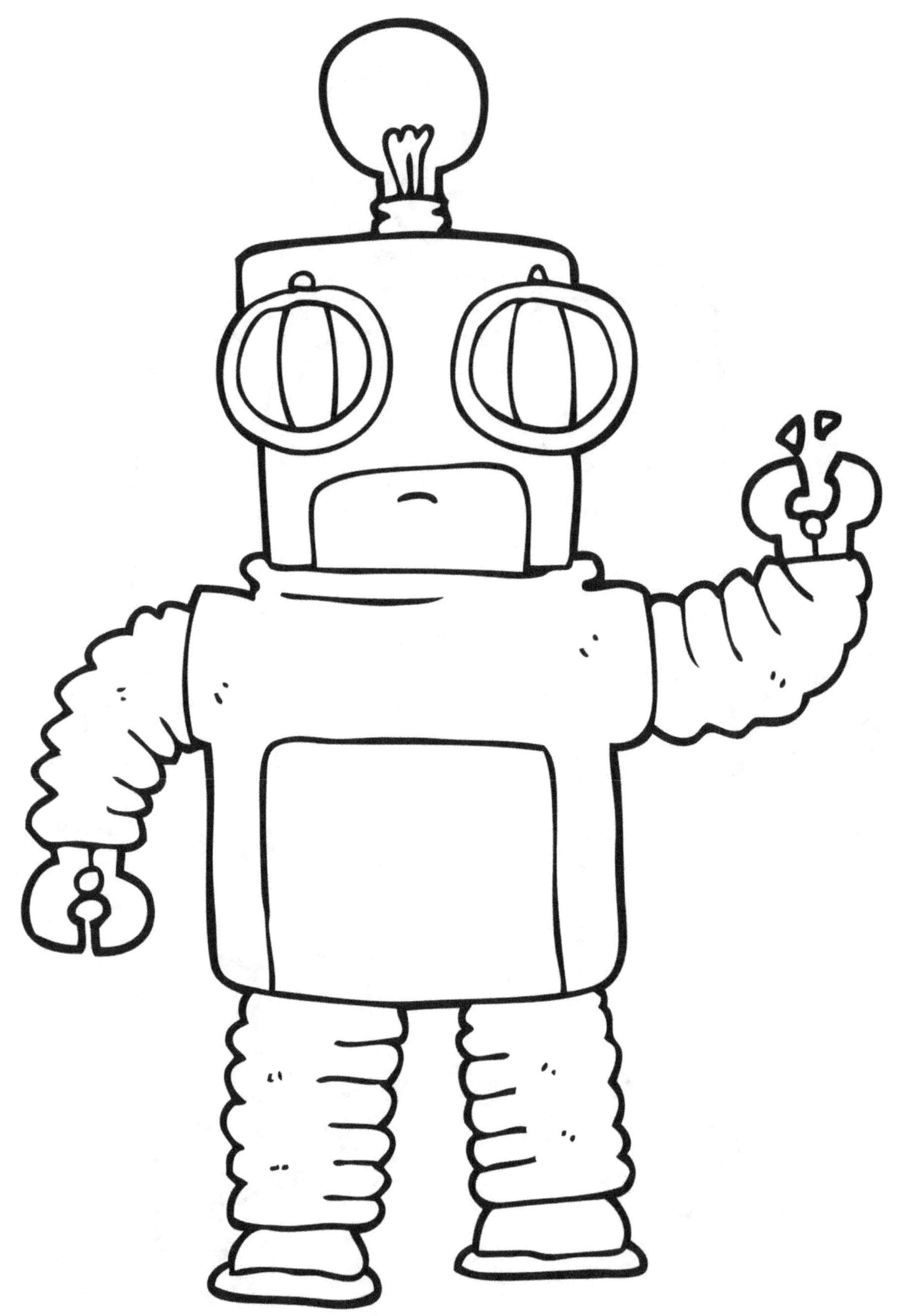

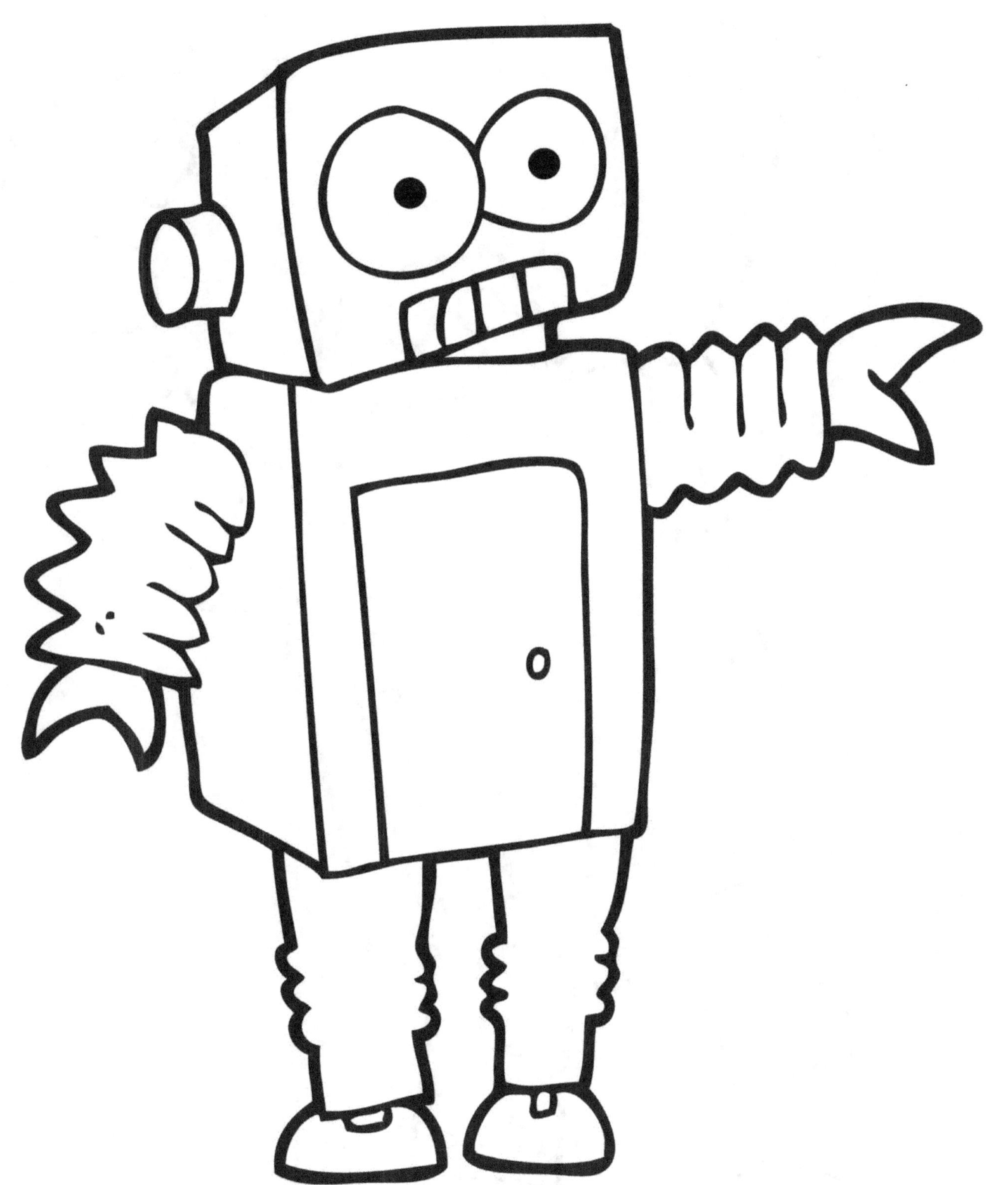

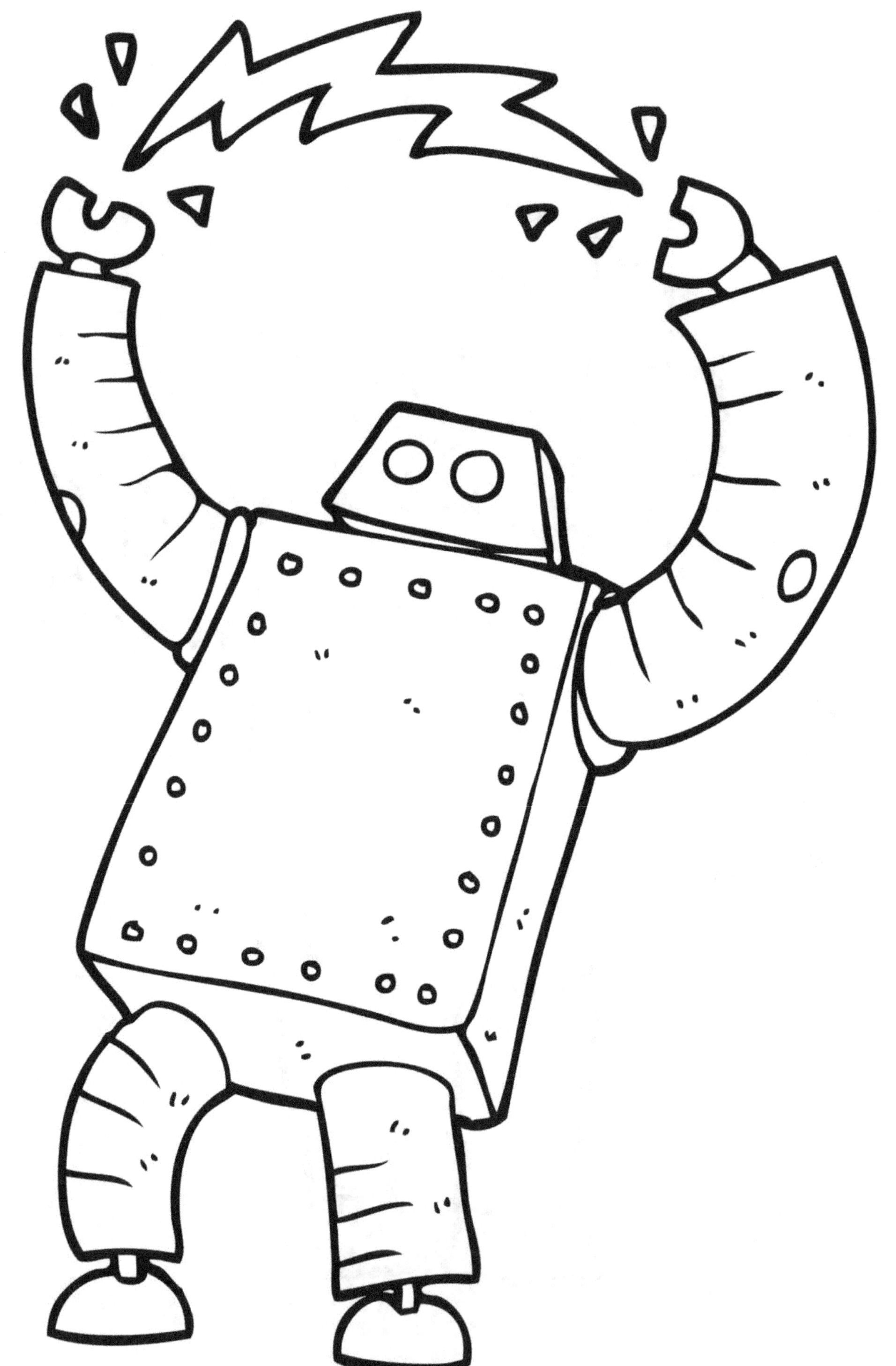

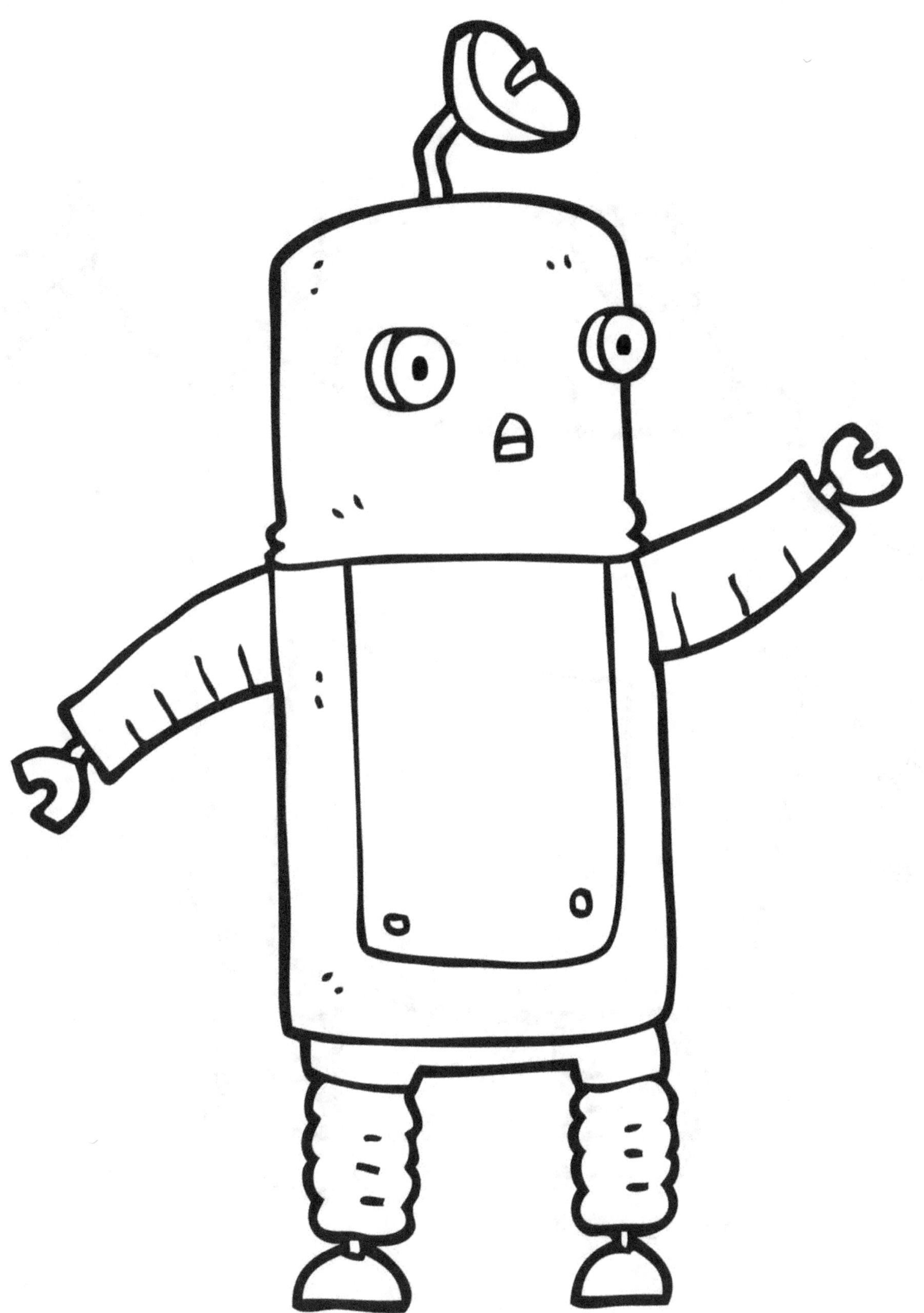

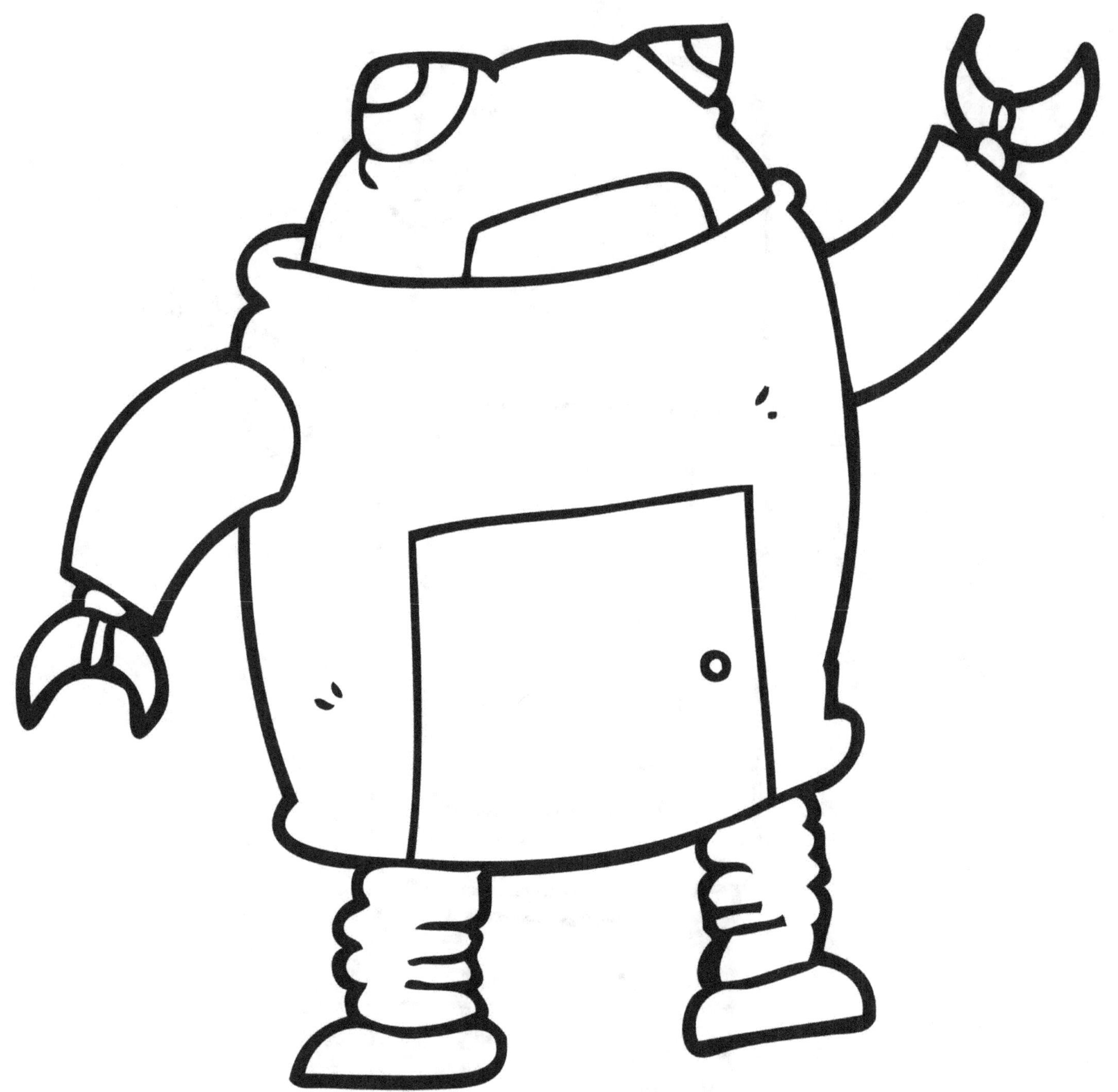

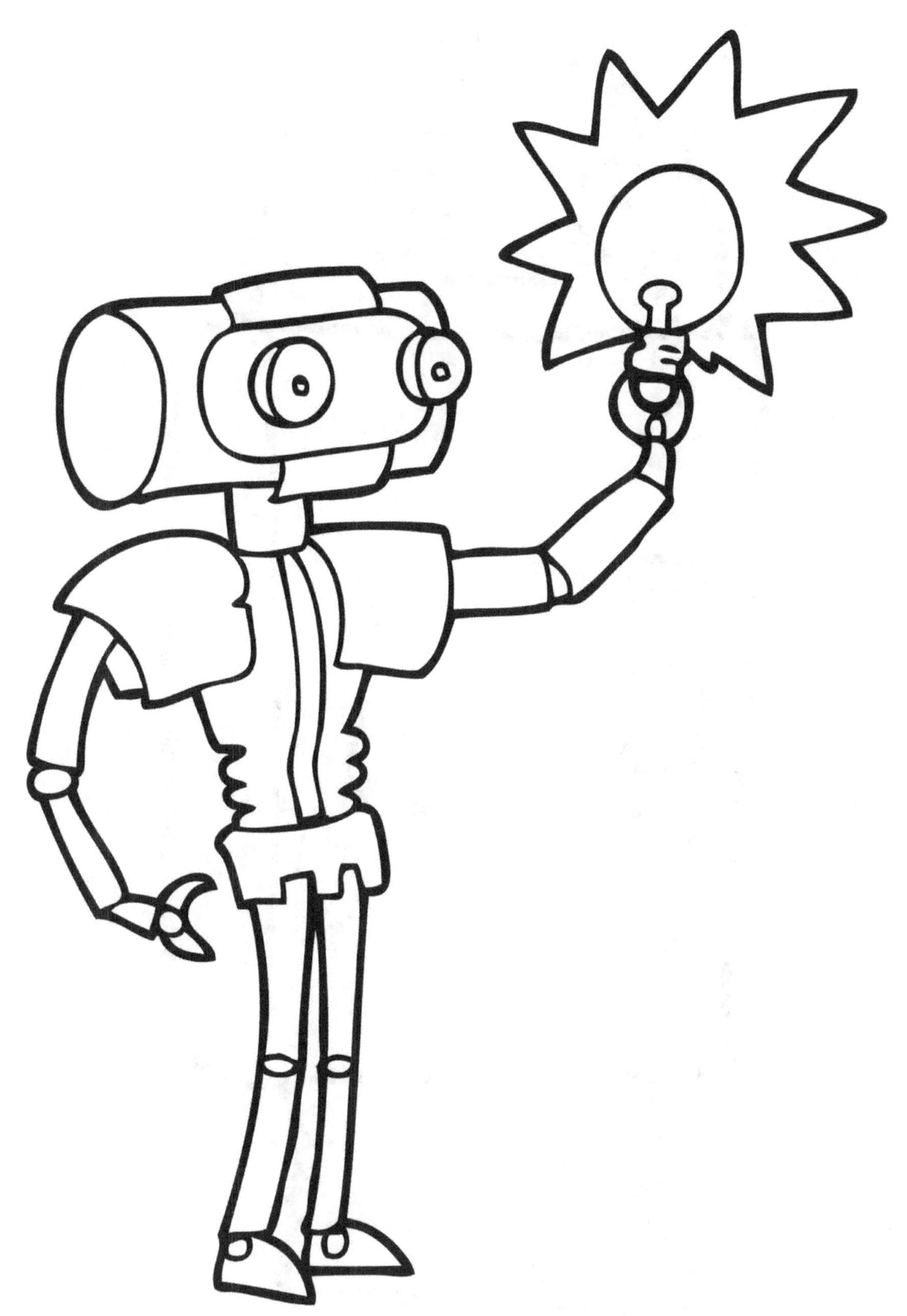

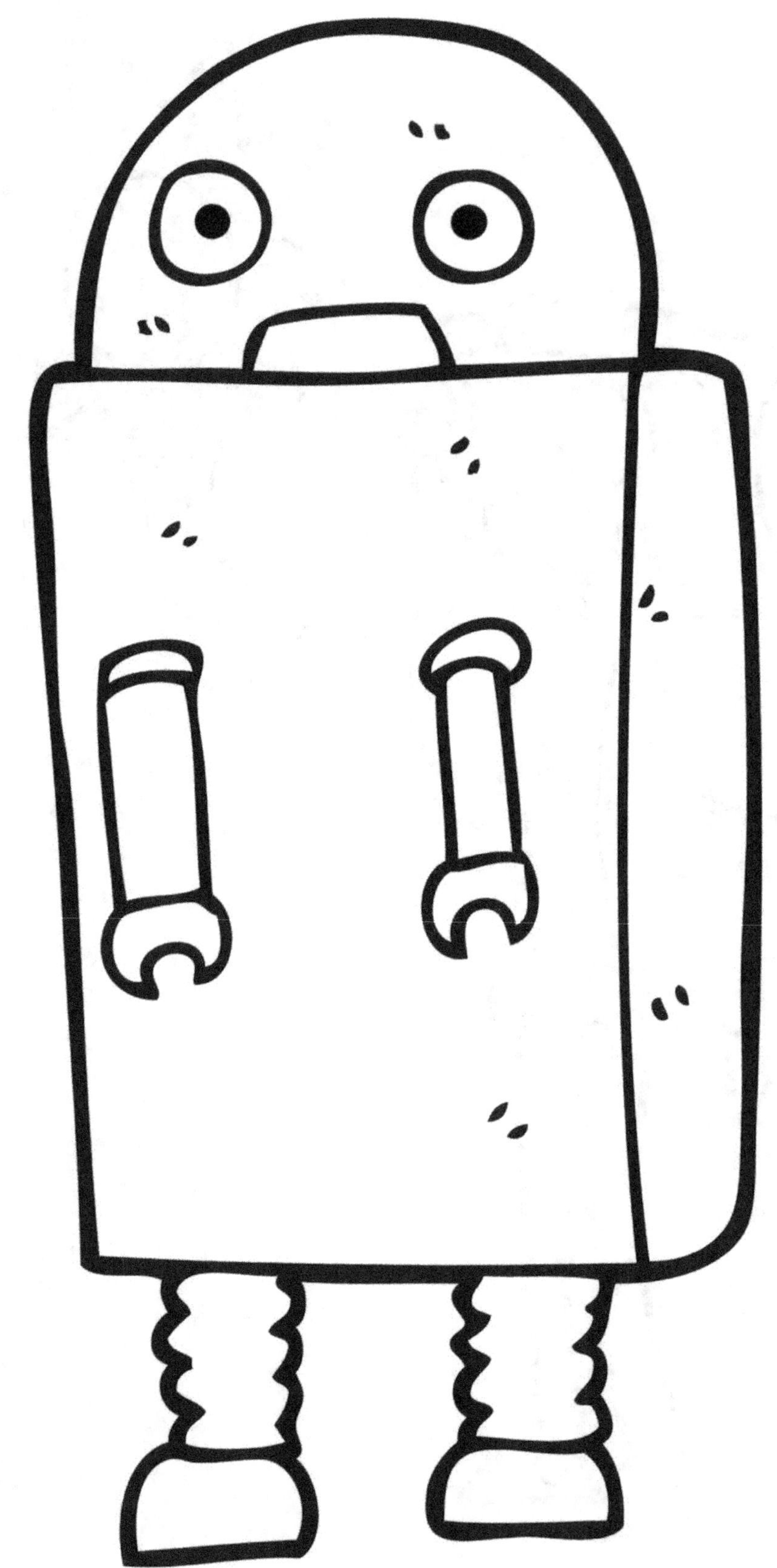

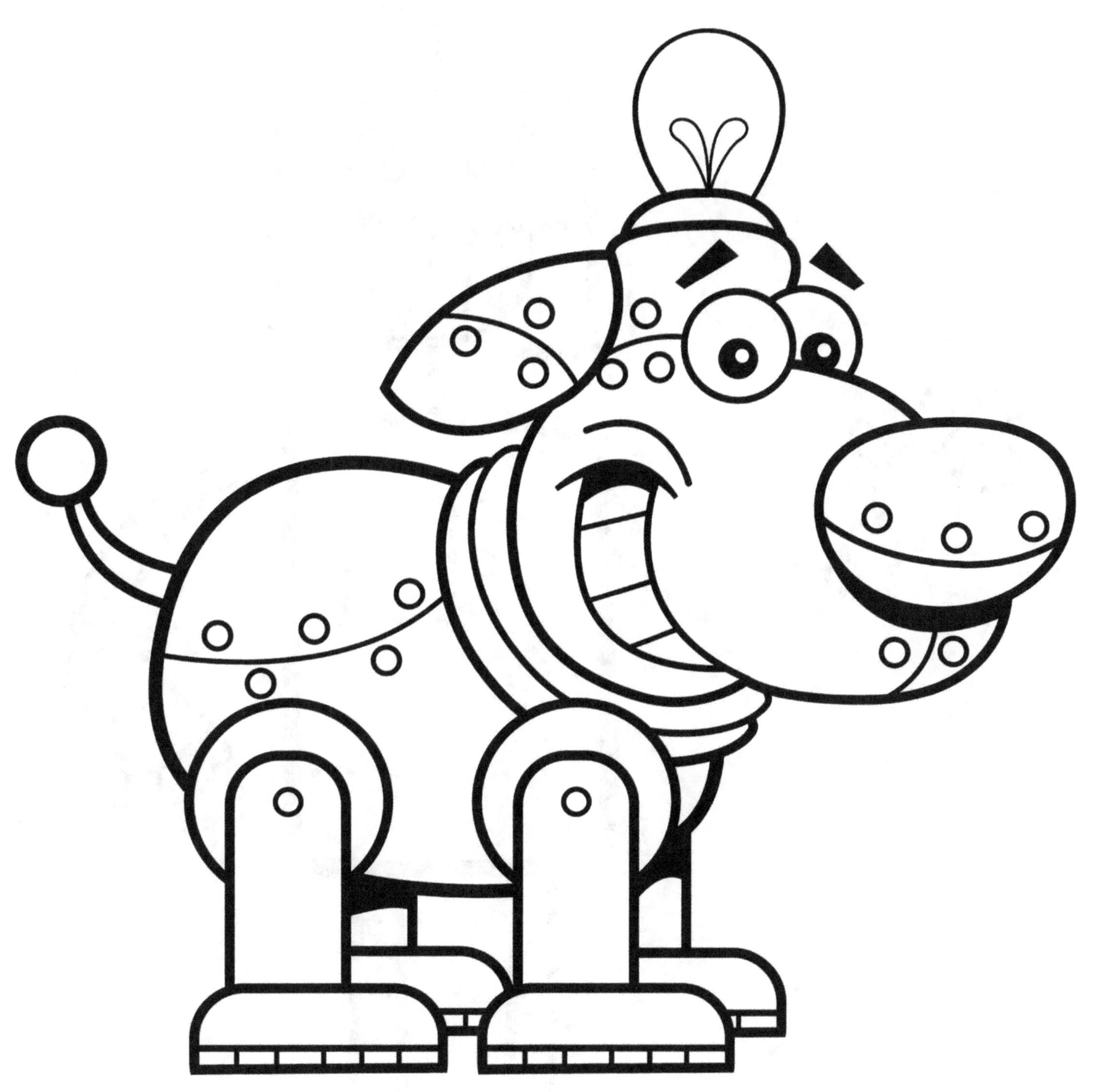

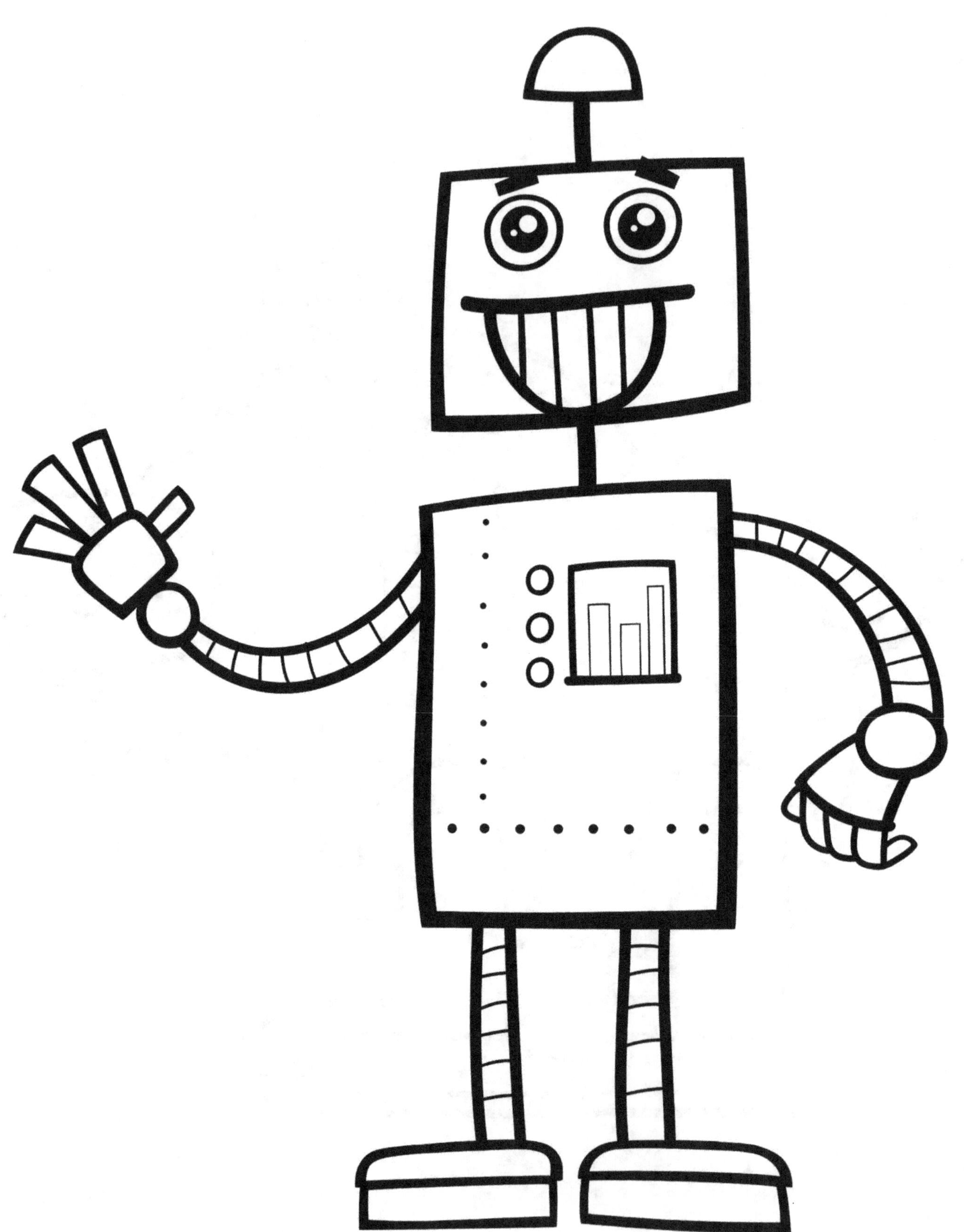

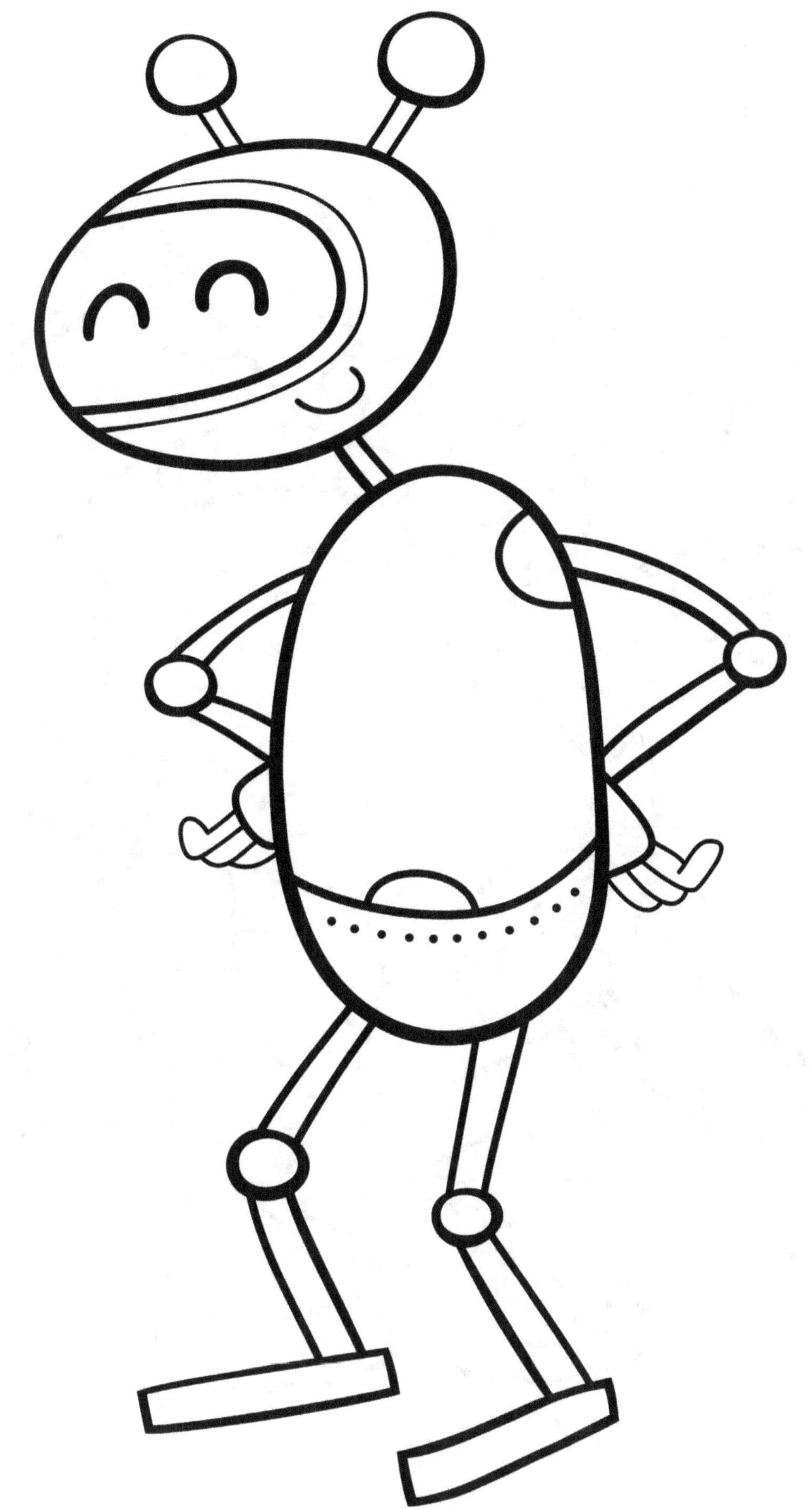

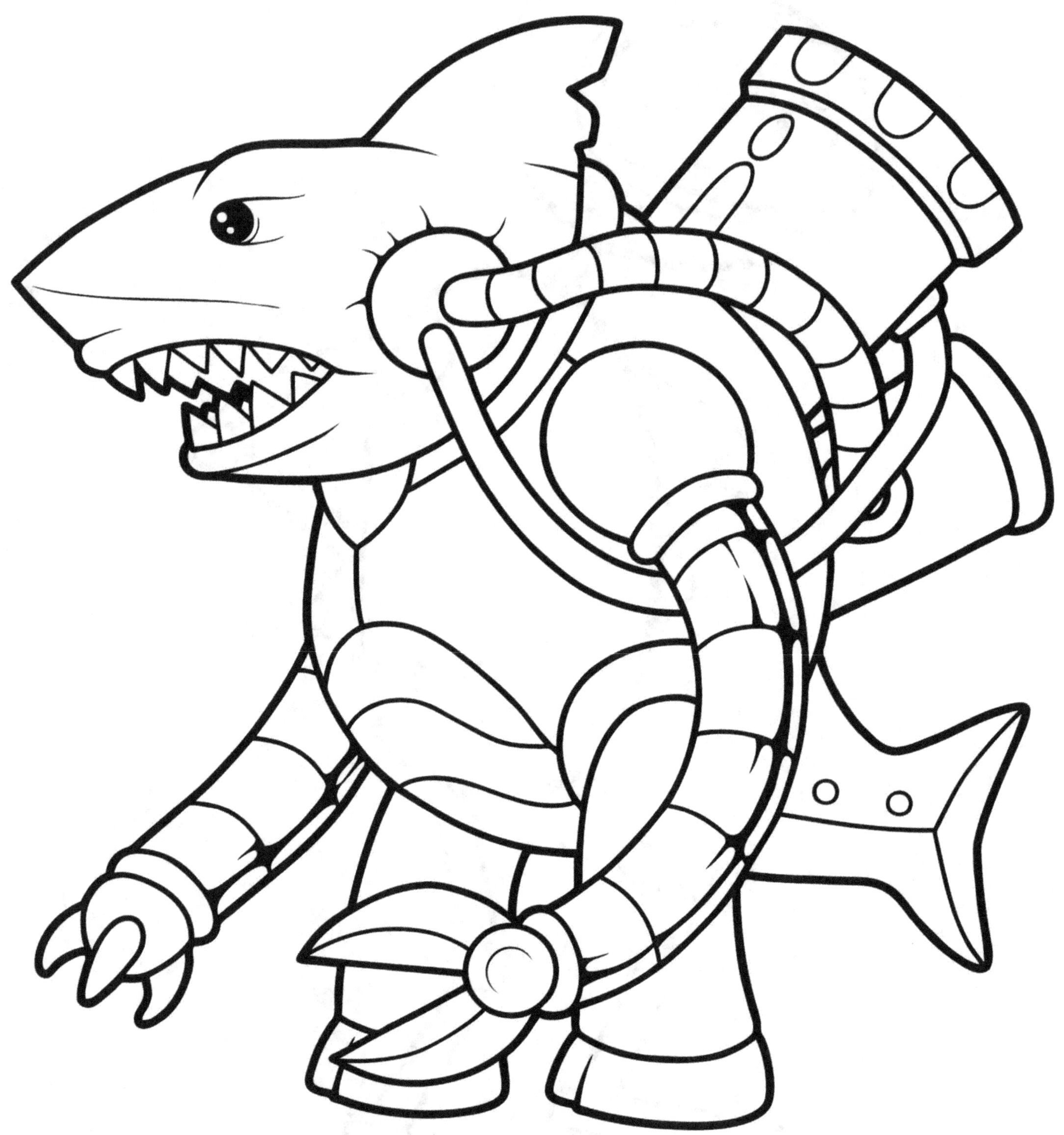

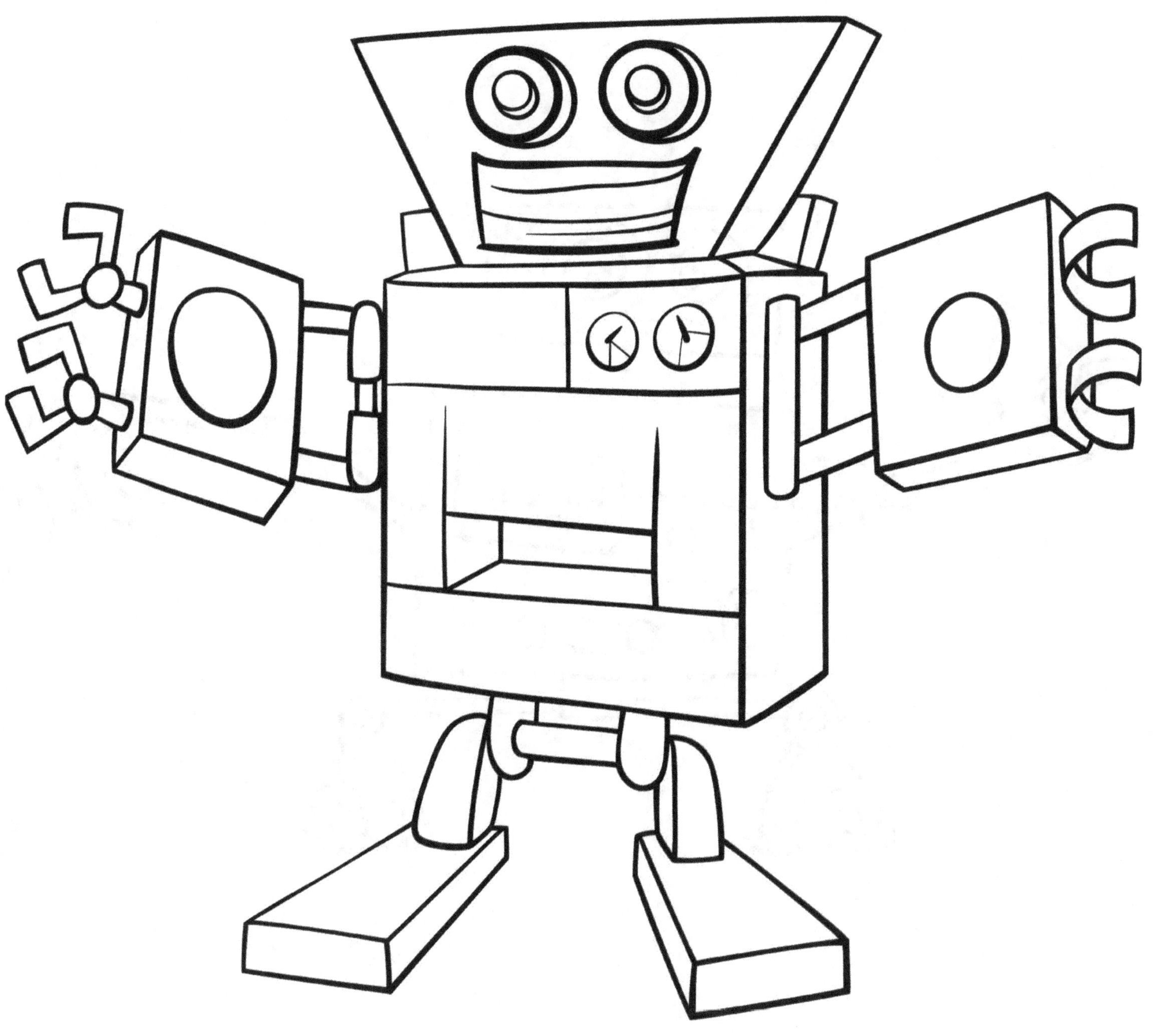

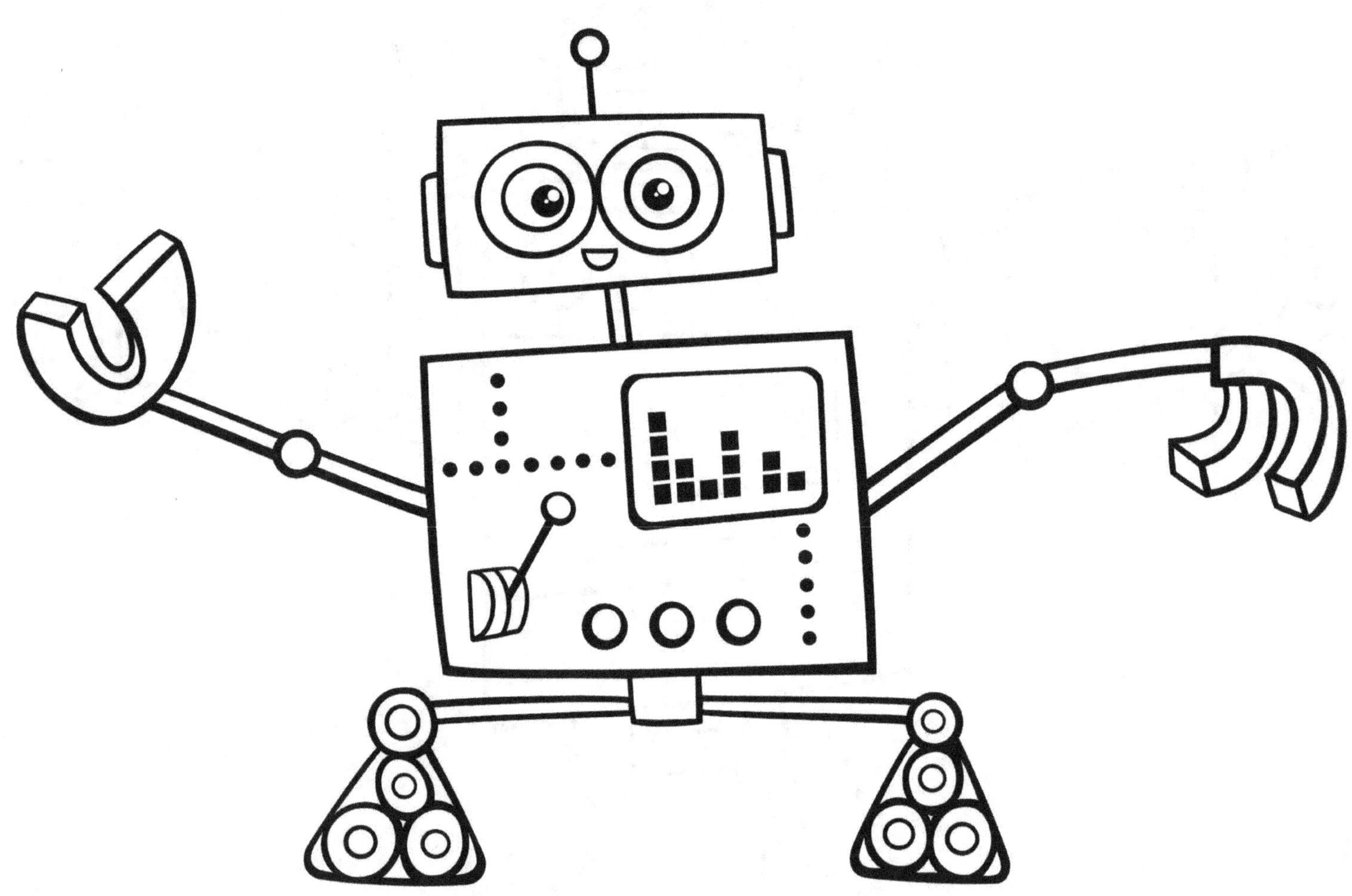